MUHTELİF - 1

- İslam'a Yönelik İtirazlar ve Cevaplar -

İNSAN YAYINLARI : 836
ALTAY CEM MERİÇ KİTAPLIĞI : 2

BİRİNCİ BASKI, HAZİRAN 2023
DOKUZUNCU BASKI, KASIM 2025

YAYINCI SERTİFİKA NO: 45747
ISBN 978-625-8314-43-4

MUHTELİF - 1
- İSLAM'A YÖNELİK İTİRAZLAR VE CEVAPLAR -
ALTAY CEM MERİÇ

EDİTÖR
HAMZA BERK ÇINAR

KAPAK TASARIMI VE İÇDÜZEN
MÜCAHİT BOSTAN

BASKI-CİLT
SİSTEM MATBAACILIK
YILANLI AYAZMA SK. NO: 8
DAVUTPAŞA-TOPKAPI / İSTANBUL
(0212) 482 11 01
MATBAA SERTİFİKA NO: 49687

İNSAN YAYINLARI
İSTİKLAL CADDESİ NO: 96 BEYOĞLU/İSTANBUL
TEL: 0212-249 55 55 FAKS: 0212-249 55 56
www.insanyayinlari.com.tr
insan@insanyayinlari.com.tr

MUHTELİF - 1

- İslam'a Yönelik İtirazlar ve Cevaplar -

ALTAY CEM MERİÇ

ALTAY CEM MERİÇ

1991 yılında Ankara'da doğdu. Üniversite eğitimini Konya Necmettin Erbakan Üniversitesi Tıp Fakültesi'nde tamamladı. Aktif olarak hekimlik mesleğini icra eden yazar itikadi sorgulamalarının ardından -tekrar- Müslüman olmuştur. İngilizce dışında bu süreçte Arapça öğrenen, klasik ve modern kaynaklara yönelen yazar, sosyal medya üzerinden yaptığı yayınlarda modern insanın itikadi meselelerini, sosyal bilimler ve felsefi konularını ele almaktadır. *Peygamberliğin İspatı* adlı eseri yayınevimiz tarafidan yayımlanmıştır.

İçindekiler

ÖNSÖZ

İki yıldan fazla bir süredir sosyal medyada gayrımüslimlerden İslam'a yönelen tenkitlere ve ortalama Müslümanın zihnine sık gelen sorulara dilim döndüğünce cevap vermeye çalışıyorum.

İslami camianın içinde yetişmemiş bir mühtedi olarak bu soruların bir kısmı benim de zihnime takılmıştı. Belki bu soruları gündem ediniyor olmamın sebebi bu durumdur. Belki de gerçekten ciddi kalabalıkların gündemi olmaya başlamasıdır.

Benim fark ettiğim süreçte ikincisi etkili olmuştu. Tefsir usulü ya da felsefe incelemeleri yaparken bir anda kendimi bu konunun içerisinde buldum. Müslümanlardan tedirgin bir duygu ile gelen ısrarlı soruların, beni bu sahaya çektiğini hissettim. Ancak bu elbette benim farkında olduğum sürecin tasviri.

Bilinçaltı ele avuca sığmaz bir kapalı kutu. Net bir tasvirini güvenilir bir bilgiyle ele almak zor. Ancak sürecin devamındaki reflekslerime baktığımda bu soruları soran gençlerle fazlaca empati yapıyor olduğumu fark ediyorum. Bu yüzden görünür sebep ısrarlı sorular olmasına rağmen bu sürecin esas aminin aynı durumdan geçmiş olmam olduğu kanaatini beslemeye de meylediyorum.

Sebep her ne olursa olsun gelinen noktada bu tarz sorulara verdiğimiz cevaplar ve yaptığımız kitap incelemeleri belli bir hacim oluşturacak kadar çoğaldı. Bunların büyük bir kısmı 2-3 yıl önceki bilgimizle verdiğimiz cevaplardı. Şu an ise bunların büyük ölçüde tekrar ele alınması ve cevapların geliştirilmesi gerektiğini düşünüyorum. Zira iki yıl, çalışmaya devam eden genç birinin entelektüel hayatında oldukça uzun bir süre. Elbette konuşma dilinin keşmekeşi ile yazı dilinin düzeni de önemli bir fark. Ayrıca video ya da yazı olarak ele almadığımız pek çok başlık mevcut. Tüm bunların yazılı ve derli toplu bir eserde bulunmasının faydalı olacağı kanaatindeyim.

Bunun yanı sıra bu tarz sorular hakkında genelde verilen cevapların çoğunun yetersiz kaldığını da ifade etmek yerinde olacaktır. Zamanında bu soruları sormuş birisi olarak bu sorulara yeterli çeşitlilik ve derinlikte cevap içeren bir literatürün Türkçede maalesef henüz layığı ile oluşmadığı söylenebilir. Özellikle cevaplarda olması gereken derinlik sıklıkla ihmal edilmektedir. Gerek görsel platformlarda gerekse yazılı eserlerde ortaya konulan cevaplarda "gençler uzun şeyleri dinlemez, okumaz" yanılgısı, cevapların kısa tutulmasına ve tatmin ediciliğinin düşmesine sebep olmaktadır. Oysa insan dert edindiği şeyle ilgili tatmin edici yanıta ulaşmayı sever. Zaten dert edinmeyenin kafası içine bilgi boca edilemez. O hâlde, karşımızda bu soruların cevaplarını merak eden ve tatmin edici bilgiye ulaşmak isteyen birisi oturuyormuş gibi konuşmak gerekmektedir. Bu eserde her soruya 2 sayfalık bir yanıtla 100 soruya 200 sayfada cevap verilmeye çalışılmamasının sebebi budur.

Burada başka bir problem soru cevaplarken layığı ile bir usul zeminin oturtulmamış olmasıdır. Bu kitapta yapmaya çalışacağım önemli şeylerden birisi, "Bir inanç/din nasıl çürütülebilir?" sorusuna cevap vermeye çalışmak olacaktır. Oysa bu soru aslında bu konunun en temel meselesidir. Zira sorulan her soruyla ilişkisi vardır. Maalesef Türkçede ben bunun kapsamlıca tartışıldığına henüz denk gelmedim. Burada yapacağımız tartışmada, görüşlerim benimsenmese dahi bu temel konunun tartışılmaya başlamasının fayda sağlayacağını umuyorum. Sadece bu durum bile benim açımdan bu kitabı yazmak için yeterli bir motivasyon kaynağı oluşturdu. Bu, çalışmada ayrı bir bölüm olarak başlıklandırılacaktır.

Ateist-deist-agnostik vb. kişilerin İslam tenkitleri elbette Türkiye'nin fikrî diyalektiği açısından önemsiz değil. Her ne kadar soruların ve cevapların büyük bir kısmı oldukça tembelce kurgulanmış olsa dahi bu bir fikrî hareketlilik olarak ele alınabilir. Bir dinin daha iyi anlaşılmasına, onun içinde yaşadığımız çağda problemli görünen noktalarını anlarken pek çok yan konunun öğrenilmesine sebep olmaktadır. Örneğin bu tartışma her iki tarafa da tarih okuma metodu, bazı felsefe konularının öğrenilmesi, dinî eserlerin mütalaasını zorunlu kılması sebebiyle öğreticidir. Ancak burada bir patinaja düşmemek için bazı önemli kaideler vardır ki bunlara da yer yer işaret etmeye çalışacağız.

YAZIM TARZI

Eser, soru-cevap formatında hazırlandı. Bu, bir önceki eserimiz *Peygamberliğin İspatı*'na göre hem okuyan hem de yazan için daha konforlu bir biçimdir. Zira ilk sayfası ile 520. sayfası tek bir kurgudan bahseden bir eserin yazılmasının da okunmasının da zorluğu malumdur. Elinizde tuttuğunuz bu eser ise bu açıdan daha kolay okunmaya müsaittir.

Burada birbiriyle bağıntısı daha az olan sorular cevaplanacaktır. Bölüm bölüm okunduğunda da o bölümün gözettiği maksat hasıl olacaktır. Örneğin bir önceki eserimiz bu şekilde okunursa hiçbir şey anlaşılmayacağından bahsetmiştik.

Bölümler arasında tekrara düşmemek için yazım sırasında önceki bir soruda verdiğim genel bir bilgi, sonraki bir soruda tekrar kullanılacaksa ilgili yere dipnotta işaret ederek sözü uzatmaktan kaçındım. Örneğin "Tefsirlerde neden zayıf rivayetler de var?" sorusuna üçüncü soruda cevap verdiysek ve aynı açıklama beşinci soruda da gerekli olduysa dipnotta işaret ederek geçtim.

BİRDEN FAZLA KİTAPLIK BİR SERİ PLANLANDI

Bu eser aslında bir dizi kitap planının birincisidir. Eserleri kısa aralıklarla çıkarmayı planlamaktayım. Allah hayırla tamamlamayı nasip etsin. Gayrımüslimlerin sık sordukları soruları derleyip topladık ve sırayla cevaplayarak kaç kitapta tamamlarsak o sayıda eser ortaya çıkmış olacak. Bunu tek eserde yazmaya çabalamanın birkaç sebeple faydadan uzak olacağını düşündüm:

1. Eser hacminin çok uzun olması okunabilirliğini azaltacaktır.
2. Artan hacim eserin fiyatını arttırarak insanların ulaşımını zorlaştıracaktır.
3. Bu soruların tamamı ilgisini çekmeyen, sadece birkaç tanesini merak eden okuyucular için ilgilendiği konunun bulunduğu eseri alması yeterli olacaktır.
4. Şimdiye kadar yaklaşık 60 civarında sıkça sorulan soru topladık. Bunların bir kısmı şu anki bilgi düzeyim ile cevaplamak istemediğim konular. Zira bazı sorular öylesine fazla sayıda faktörden etkileniyor ki pek çok alanda ciddi bilgi istemekte. Belki birkaç kitabı hazırladıktan sonra bazı soruları erteleyip Allah ömür verirse 10-15 sene sonra bile seriye yeni bir kitap olarak ilave

edebiliriz. Tüm soruları tek eserde cevaplamaya çalışarak yeterli derinliğe ulaşamayan bazı cevapları vermek zorunda kalmaktansa, yeterli cevapları verebildiğimiz küçük eserler üzerinden seri hazırlamak daha doğru geldi. Zira bazen tamamını elde etmeye çalışmak faydalı olanı yapabilmekten alıkoyar. Birkaç soru için tüm cevapları bekletmek bana makul gelmedi.

Dördüncü maddede aktardığımız durum aslında her zaman akılda bulundurulması gereken bir noktadır. Bu eseri kaleme alırken 32 yaşındayım ve 50 yaşındaki hâlim olsa çok daha iyi cevaplar çıkabilirdi. Ancak ölüm her zaman hayatın ensesinde. Planları uzağa ertelemek çoğu zaman iş ortaya koyabilmeye engel. Burada okuyacaklarınız beni tatmin eden ve bana yeterli gelen cevaplar. Bu hâliyle yazıya geçmesi faydadan uzak değil. Allah ömür verir ve nasip ederse ileride bu eserleri her zaman genişletip düzeltebilirim.

CEVABIN KALİTESİ

Bu bağlamda bir diğer önemli konu da şu: Bir cevabın kalitesi elbette hangi soruya yöneldiğinden bağımsız değildir. İncelediğimiz sorular ya da tenkit içerikli argümanlar üreten, ateist forumlar vb. yerlerde olabildiğince vasat altı bir nitelik arz ediyorlar. Ben cevabın kalitesini koruma amaçlı iki önlem almaya çalıştım:

1. Sorunun kalitesini mümkün olduğunca yükseltmek. Bu soru ya da itirazların kitabımızda okuyacağınız formları genelde ateist forumlar vb. yerlerde göreceklerinizden daha nitelikli olacaktır. İncelediğimiz soruyu hem bilgi hem de muhakeme yönünden geliştirmeye çabaladığımızı müşahede edeceksiniz.

2. Cevabın soru kalitesini mümkün olduğunca aşması. Yani tamamen mesnetsiz bir retoriğe dayanan bir itiraz olsa dahi bu itirazın neden yetersiz olduğuyla ilgili argüman düzeyinde cevaplar verilecektir. Ayrıca retoriğe argümanla cevap verildikten sonra retorikle de mukabele edilmesini önemsiz görmemekteyim.

Elbette bu iki maddeye dikkat göstersek de soru ya da itirazın kalitesi her zaman konuyu belirlediği için cevabın niteliğinde etkili bir faktör olmaya devam edecektir.

SORGULAYAN GAYRIMÜSLİME TAVSİYELER

Amaçsız kitap, amaçsız insan gibidir. Ondan büyük işler beklenemez. Onun dünyada varlığı beyhude olmaktan uzak değildir.

Amaç bazen serap gibidir. Olduğu zannedilir ancak gerçekte yoktur. Ben, ölümün yok edebileceği hiçbir amaca gerçek bir amaç olarak görmüyorum. Bu kitabı yazsam ve yayınevi düzenlerken ölsem de amacım yok olmuyor. Bu gerçek bir amaçtır. Dünya menfaati, prestij vb. şeylerin hiçbirisi bu bakışta gerçek bir amaç olamıyor. Zira ani bir şekilde ölsem bu amaçlar tamamen anlamsız hâle geliyor.

Oysa insan, dünyada anlam dilenen bir yabancı gibi. Gerçek olmayan bir amaç anlam katmaktan da uzak oluyor.

Bilmelisiniz ki size hitapla yazı yazan şahıs sizin kötülüğünüzü istememektedir. Bir anlam bulduğunu düşünmekte ve onu size anlatmaya çabalamaktadır. Bazen anlam dünyasına saldırıldığını hissettiğinde üslubu sertleşmektedir. Burada temel motivasyonu muhatabı tahkir etmek değil anlam dünyasının saygınlığını korumaktır.

Bir önceki eserimde olduğu gibi bu eserde de bir gayrımüslimin bakış açısına hitap eden bir üslupta yazmaya çalıştım. Gayrımüslimi dahi ikna edecek kadar detaylı soru ve cevaba girişen bir yazı, Müslümanı zaten ikna etmektedir. Zira Müslüman zaten anlatılan şeye inanmaktadır.

Bazı sık yapılan hatalara karşı sizi uyarmak isterim:

1. Dinin bütününü anlamak ve künhüne vâkıf olmak imkânsızdır. Aklı başında hiçbir Müslüman bu iddiada değildir. Senin de Müslüman olmak için buna ihtiyacın yok. Zira 50 yıl ilimle iştigal etmiş bir âlimin bile iddia etmeyeceği seviyede bir bilgiye bir gayrımüslim iken ulaşman imkânsızdır. Hakeza daha detaya inildikçe 50 yıl ilim tahsil edenler arasında bile ihtilaflar vardır. Bu sebeple ana meselelere ve anlayabileceğin konulara odaklanmak senin için daha faydalıdır. Örneğin "Hz. Muhammed (a.s.) doğru mu söylüyordu yoksa -haşa- yalancı mıydı?" sorusu ana bir sorudur ve bir gayrımüslimin gündemi bu soru olmalıdır. Aksi hâlde çarpım tablosunu tam sindirmemiş birisinin integral soruları altında can çekişmesi gibi bir duruma düşmek olasıdır. Vakıada benim müşahede ettiğim durum da genelde böyledir.

2. İman etmek için yüzde yüz emin olmayı beklemek pek makul değildir. Ben kuvvetli zanna ulaştığımda kelime-i şehadet getirmiştim. Bir dine içerisinden bir nazarla bakmakla dışardan gözlemek arasındaki fark çok belirgindir. %51 ihtimale ulaştığında bir de içerden bakmayı denemeni tavsiye ederim. Zira tam rasyonel aktarımı mümkün olmadığı için dışarıdaki insana anlatılamayan, dinin içindeki insanların kolayca birbirine aktarabildiği deliller vardır.

3. Özellikle bazı psikolojik problemler dinî sorular açısından sıkça gündeme gelmektedir. Depresyon ve obsesif kompulsif bozukluk bazen dinî bir görüntü arz edebilir. OKB'si olan bir birey bazen dinî soruları takıntı hâline getirmektedir. Ben bir şahısta obsesyon hâline geldiğini düşündüğüm dinî soruları, psikolojik problem tam olarak çözülmeden cevaplamamaktayım. Zira her cevaba obsesyon yapılabildiği gibi soruyu cevaplasanız ve muhatabınız tam ikna olsa dahi aynı soruyu devam eden süreçte defalarca gündeme getirebilmektedir. Burada problemin dinî olmaktan ziyade tıbbi olduğu açıktır. Böylesi kişiye aynı soru üzerinden cevap vermek obsesyonunun derinleşmesine de sebep vermektedir. Zira temizlik obsesyonu olan birisine sürekli temizlikten bahsetmek gibi kişinin sağlık durumunu daha kötüye götüren bir durum oluşmaktadır. Bu sebeple böyle bir durum varsa öncelikle tıbbi tedavi esastır.
4. Bilinmelidir ki cevaplar duyguyu tatmin etmek zorunda değildir. Bir cevap verildiyse ve aklen yeterliyse gerekli iş yapılmış demektir. Bunun dışında psikolojik yön, duygusal etmenler kâğıdın üzerinde sayfalarla halledilebilir bir durum değildir. Bazen süreç gerekmektedir. Cevap aklen makul ve yeterli olsa dahi akli olanın sindirilmesi ve yeni duygular oluşturması hemen olmamaktadır. Bazı Müslümanlar bunu bilmezler. Size yeterli cevap verdiklerinde hemen "A, tamam o zaman hadi kelime-i şehadet getireyim." demenizi beklerler. Siz doğal olarak böyle tepki vermeyince sinirlenir ve duygularınızı daha fazla hırpalarlar. Böyle davranan Müslümanlardan uzak durun. Onların bu konuya dair bilgisizliklerinin farkında olun. Bir şahsın fikrî dünyası onun uzun vadeli yatırımıdır. Bu sebeple insanlar için fikir değiş-

tirmek kolay bir şey değildir. Sancılı bir süreçtir. Daha önce hiç fikir değiştirmemiş bir insanın bunu anlaması zordur. Sizi anlayan insanlarla muhatap olmaya çalışın.

Allah'ın bana nasip ettiğini size de nasip etmesini dilerim. Bu kitabın yazarı kendi ulaştığı şeyin güzel olduğunu düşünmekte ve size güzel olanı iletmeye çalışmaktadır. Onunla hemfikir olmasanız dahi niyetinin size kendisinin iyi olduğunu düşündüğü şeyi ulaştırmak olduğunu bilmenizi istemektedir.

BİR DİN NASIL ÇÜRÜTÜLEBİLİR?

Naçizane kanaatim, şu an okumakta olduğunuz bölüm gayrımüslimlerden direkt gelen bir soruya cevap olmamasına rağmen tüm sorularla ilintili olması hasebiyle kitabın en önemli bölümlerinden birisidir. Ayrıca konuya dair doğru perspektifin oluşturulması bakımından da burada açtığımız tartışma bizce önemlidir. Takılan gözlük görülen her şeyin görüntüsüne etki eder. Bu soruya verilecek cevap diğer tüm sorulara verilen cevabı aynen böyle etkileyecektir.

Bir dinin nasıl çürütülebileceği konusu, İslam üzerinden incelediğimizde objektif olmanın oldukça güç olduğu bir bağlama kayacaktır. Zira bu kitabı eline alıp okuyan kişi ister Müslüman olsun isterse gayrımüslim olsun bu tartışmaların içerisinde olma ihtimali yüksek olan birisidir. Tartışma içerisinde olmak genellikle duygusallığı, duygusallık ise makul düşünememe problemini beraberinde getirir. Bu sebeple oldukça önem verdiğim bu incelemeyi iki farklı örnek üzerinden yapmaya çalışacağım:

Hristiyanlığı nasıl çürütebiliriz? (Bir din olması açısından)

Komünizmi nasıl çürütebiliriz? (Bir fikir sistemi olması açısından)

MÜMKÜN GÖRÜŞLERİN TAMAMINI ÇÜRÜTMEK

Kendimizi Hristiyanlığı çürütmeye adamış birisi olarak düşünelim. Hristiyanların kendi aralarındaki ihtilafları oluşturacağımız tenkitler açısından nasıl ele alabiliriz? Doğal olarak biz dışardan bir münekkit olarak kendisini Hristiyan olarak tanımlayan birisine "Hayır sen Hristiyan değilsin!" deme hakkına sahip olmayacağız. Hristiyanlık için farklı fırkalar birbirleri hakkında ne düşünürse düşünsün bu durum bir üçüncü göz olan bizi bağlayıcı karar verme konumuna taşımayacaktır.

Örneğin Hristiyanlık içerisinde A ve B ekollerinin olduğunu düşünelim. Burada A fırkası B fırkasını Hristiyan olmamakla itham ediyor olsa dahi, dışardan bakan üçüncü bir göz için kendisini Hristiyan olarak tanımladığı sürece A ve B Hristiyan fırkalar olarak ele alınacaktır. Bugün modern dinler tarihinde de böyle yapılmaktadır.

O hâlde bizim Hristiyanlığı bir bütün hâlinde çürütebilmemiz için kendisini Hristiyanlığa nispet eden tüm grupların görüşlerini çürütmemiz gerekmektedir. Örneğin Hristiyanlık içerisinde A, B, C, D, E, F grupları olsa, bizim tenkidimiz A ve B gruplarının din telakkisini çürütmeye yönelikse bu elbette Hristiyanlığı çürütmüş olmayacaktır.

Burada bir diğer yön şu olabilir: Tenkit etsek ve A, B, C, D, E, F gruplarının yani bilinen Hristiyan grupların tamamının sahip olduğu bir görüş üzerinden çürütme yapmaya çalışsak ve hatta bu çürütmenin başarılı[1] olduğunu düşünsek bu sorunu çözer mi?

---

1. Elbette bu tarz tenkitlerde başarılı olunup olunmadığının tespiti oldukça güçtür. Bu konunun tartışılması gerçekten uzun bir çalışma gerektirecektir.

Naçizane kanaatim sorunun yine çözülmeyeceğine yöneliktir. Çünkü herhangi bir şahıs ortaya çıkıp "Ben Hristiyanım ve şu ana kadar var olan tüm Hristiyanlar yanılmıştı. Doğru Hristiyanlık X'tir." diyebilir. Burada elbette aklımıza "öyle olsaydı şöyle olurdu" vb. itirazlar gelebilir. Bunlarda haklı da olabiliriz. Ancak "öyle olsaydı şöyle olurdu" demeye başladığımız anda bir Hristiyanla tartışıyor ve X görüşünü çürütmeye çalışıyor olduğumuzu fark ederiz. O hâlde ilk tenkidimiz tüm Hristiyan grupların görüşlerini kuşatmasına rağmen Hristiyanlığı bütün hâlinde çürütemediğimizi müşahede ediyoruz. Çünkü artık X görüşündeki bir Hristiyanı çürütmeye başlamış vaziyetteyiz.

Bu tabii ki biraz umut kırıcıdır. Şunu demek muhtemeldir: "O hâlde hiçbir görüş çürütülemez. Bunu hiçbir insan kabul etmez." Burada koca bir dinin tek bir tenkit üzerinden çürütülmesini beklemek bana çok sağlıklı gelmiyor. "Bir tenkitte bulunacağım ve komünizm tüm şubeleriyle çürümüş olacak." gibi bir beklenti bana fazla kolaycı ve ciddiyetten uzak duruyor.

Bu söylediğimiz problemin aşılması için önerilebilecek diğer bir çözüm münekkidin "Gerçek komünizm şudur, gerçek Hristiyanlık budur." vs. diyerek kendisinin gerçek olarak algıladığı şeyi çürütmeye çalışmasıdır. Hristyanlıkta verdiğimiz örneğe dönecek olursak münekkit "Gerçek Hristiyanlık C'dir." diyerek C'yi çürütse ya da çürüttüğünü düşünse kendisini Hristiyan olarak tanımlayan ama Hristiyanlığın A, B, D, E, F fırkalarını savunan kişiler için bu ne anlam ifade eder? Zaten Hristiyanlığın A, B, D, E, F fırkalarına mensup Hristiyanlar da C'yi hatalı bulup tenkit etmektedir. Münekkit burada "Ben C'yi eleştirerek A, B, D, E, F'yi de çürüttüm." diyerek komik bir söylemde bulunmuş olur. Çünkü münekkidin "Gerçek Hristiyanlık C'dir." sözünün A, B, D, E, F görüşlerindeki Hristiyanlar için hiçbir değeri yoktur. Bu hâliyle anlamlı bir tartışma zemini değildir.

Bu problemden dolayı naçizane kanaatim yapılması gereken yapılacak her tenkidin kendisine muhatap aldığı fırkaları işaretlemesidir. Örneğin teslise yönelik başarılı bir tenkit benim bildiğim Hristiyan grupların çoğunu çürütecektir. Ancak Hristiyanlığı çürütmüş olmayacaktır. Eğer teslise yönelik çürütmem başarılı olduysa bu durum benim tenkidimi anlamsız kılmayacaktır. Zira ben bir çürütme faaliyeti ile şu an var olan Hristiyan grupların %90'ını ya da %40'ını çürütebiliyorsam bu az bir şey değildir. Fikirlerin savaş alanında bunlar küçük galibiyetler değildir. Dünyanın yarısını fetheden birisi gerçek bir fatihtir. Ancak tarih dünyanın tamamına hükümran olma hülyası ile elindekini de kaybeden çok fatihler görmüştür. Tıpkı bunun gibi tamamını çürütme iddiasındaki kolaycı yöntemlerin çoğu aslında hiçbir şeyi çürütememe ile sonuçlanır.

Aksi hâlde "Felsefeyi çürüttüm." diyenlerin salt natüralizm tenkidi ile bir şeyler söylediklerini zannetmeleri ya da komünizm çürütme iddiasında olanların Sovyet Rusya tecrübesinin tenkidi ile tüm mümkün komünist anlatıları çürüttüklerini düşünmeleri gibi sığ bir zeminde kalmaya mecbur olunur.

Buradan konumuzla ilgili çıkarıma dönecek olursak: İslam'ı çürütmek isteyen bir muhalifin mümkün tüm İslami fırkaları çürütmesi gerekir. Ya da tenkidinin kapsamının farkında olması gerekir. Örneğin hadislerin hiçbirini kabul etmeyen birisine "falan hadis" üzerinden getirilen bir tenkidin anlamlı olmayacağı açıktır. Ya da Kur'an kıssalarını mecazi algılayan birisine Âdem (a.s.) kıssasının evrimle çelişmesi üzerinden bir tenkit getirmeye çalışmanın abes olacağı açıktır.

Müslümanlar İslam'ın nasıl anlaşılması gerektiği konusunda kendi içinde ihtilaf ediyor olsa dahi bu dışardan bir münekkidi daha önce aktardığımız gibi "Gerçek İslam şudur." deme pozisyonuna çıkarmayacaktır. Örneğin falan İslami fırka filan İslami fırkayı hatalı bulsa ve hatta onların Müslüman olmadığını düşünse dahi bu dışardan bakan bir münekkidi ilgilendiren bir durum değildir. Onun açısından önemli olan bu kişilerin kendilerini Müslüman olarak tanımlamasıdır. Kendisini Müslüman olarak tanımlayan fırkaları W, X, Y, Z olarak ele alsak Hristiyanlık tenkidinde anlattığımız durumların tamamı İslam'ın tenkidinde de elbette geçerli olacaktır.

ÇÜRÜTMENİN "NE"LİĞİ

Burada ele aldığımız bağlamda önemli bir diğer mesele çürütmenin "ne"liği konusudur. Yani bir fikir ne yapılarak çürütülebilir? Burada Hristiyanlığın A, B, C, D, E, F fırkalarına dönüş yaptığımızda tek bir fırkayı çürütmek için yapılabilecek şeyler üzerine düşünmeye çalışacağız. Yani artık elimizde sadece A var. A'yı nasıl çürütebiliriz?[2]

İlk problem bizim A'yı statik kabul etmemizdir. Oysa dinler ya da felsefeler içerisindeki bir fırka çoğu zaman statik değil dinamiktir. Örneğin Mutezile ya da Ehl-i Sünnet kavramları zaman içerisinde dinamik bir görünüm arz ederler. A'yı tenkit ettiğimiz konunun bu sebeple o fikrin bir sac ayağı durumunda olması gerekir. Tarih boyunca pek değişime uğramayan sabit bir noktasına eleştiri getirilmeli. Aksi hâlde A'nın son hâlinde var olan bir görüş tenkit edilir ve A'nın eski hâlinde o görüş yoksa, A'ya müntesip birisi "Doğru söylüyorsunuz bu görüş hatalı ancak zaten bizde eskiden böyle bir görüş yoktu. Sonradan oluşan bir hatalı kanaati tenkit etmişsiniz. Bu benim A'yı be-

---

2. Elbette dinler tarihinde çoğu zaman görülen şey A'ya ait alt kollar olmasıdır. A1, A2, A3, A4 gibi ifade edilebilir. Burada hepsini A kılan ortak özellikler yanı sıra alt kollarda farklılaşan özellikler de vardır. A'yı çürütmek aslında A'yı A yapan özelliklerle daha kolay olacaktır. Aksi halde bir önceki başlıkta ele aldığımız durum ortaya çıkacaktır.

nimsememe mâni değildir." diyebilir. Ya da tam tersi "Kendini A'ya nispet eden bazı kişiler -örneğin bilimsel bilginin o çağda yetersizliği gibi sebeplerle- bu kanaati savunmuşlardır. Ancak bu bağlayıcı değildir. A'nın esasları bunu gerektirmez. Sadece bu esaslar o çağın bilgisinde öyle bir söylem doğurmuştur. Aynı esasları bugünün bilgi düzeyi ile ele alsak başka sonuç çıkar." diyebilir. Elbette bunlar sadece örnek. Bunlardan farklı onlarca itiraz sayılabilir. Bu sebeple tenkitlerin görüngülerden ziyade esaslara yönelmesi daha faydalıdır.

O hâlde tenkidin A'yı A yapan özelliklere yönelmesi daha makul olacaktır. Böyle yapılmadığında çürüten delilin muhatabı olan kesim gittikçe daha dar olacaktır. Örneğin sac ayağı bir görüş tenkit edildiğinde A fırkasına müntesip olanların %90'ı tenkide muhatap olacaksa değişken bir hususa tenkit yapıldığında bu oran %30'a düşebilir. Elbette daha önce de söylediğimiz gibi X dininin A, B, C, D, E, F fırkalarından A fırkasına inanan insanların %30'unu tenkit etmek bence fikrî açıdan azımsanacak bir iş değildir. Ancak bununla X dininin tamamını çürüttüğünü zannetmek sadece komik olacaktır.

Bunu açıkladıktan sonra çürütmenin hangi kriterler üzerinden yapılabileceği hakkında biraz akıl yürütecek olursak:

1-Aklın Zaruri Bilgileriyle Çelişme

Bence herhangi bir fikri çürütme konusunda en sağlam yöntem budur. Ancak maalesef kullanım sahası dardır. Bununla tenkit edilebilecek çok fazla görüş bulmak mümkün değildir.

Felsefe konusunda yeterli donanımı olmayanlar "İyi de, akılla çelişen onca şey var dinlerde." diyebilirler. Aslında bu akıl denilince neyin kastedildiğini tam olarak bilmemekten kaynaklanan bir problem.

Aklın zaruri bilgileri ile maksadımız "Bütün parçasından büyüktür.", "Dört köşeli üçgen olamaz." gibi aksi mümkün olmayan, aksi iddia edilse de asla ispat edilemeyecek olan bilgilerdir.

Örneğin çoğu insanın zannettiği gibi ateşin pamuğu yakması bir akli zaruret ifade etmez. Aksi mümkündür. Tahayyül edilebilir. Sadece biz bunu müşahede etmemiş durumdayız. Hume vb. filozofların bu bağlamdaki sözleri neredeyse halk arasına kadar yaygınlaşmış durumdadır. Uzunca tasvir etmek bu kitabın konusunu aşacaktır.

Aklın zaruri bilgisi ile çatıştığını düşündüğüm bir örnek vermem gerekirse Hristiyanların teslisi anlatmak için kullandıkları şu görsel güzel bir örnek olacaktır:

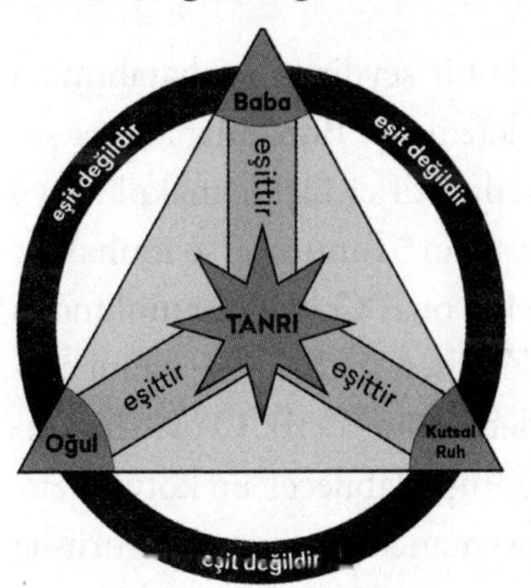

Örneğin[3] bu önermede:

Oğul : A

Baba : B

Kutsal Ruh : C

Tanrı : D olsa

A=D, B=D, C=D resimde verilmektedir. Aynı resimde eşit değildir ifadelerine baktığınızda ise: A≠B≠C yazmaktadır. Bu açıkça matematiksel çelişki demektir. Bu A=D, B=D, C=D kısmıyla beraber düşününce aslında D≠D≠D anlamına gelmektedir.

Bu insan aklının asla anlayamayacağı bir muhaldir. Akli bir zaruretin ihlalidir. Örneğin bir tartışmada muhatabınızın öner-

3. Aldığım resim Hristiyanların teslisi anlatmak için sık kullandıkları bir görseldir.

melerini bu şekilde muhal bir konuma/duruma taşıyabilirseniz tartışmasız bir galibiyet almış olursunuz. Oysa teslisin anlatılmaya çalıştığı resim bu muhalden başlamaktadır.

Yine tesliste A, B ve C'nin D'ye eşit olması hepsinin %100, hiçbir parça bütün ya da form ayrımı olmaksızın tam olarak tanrı sayılmasındandır. Yani İsa tam olarak tanrıdır. Baba tam olarak tanrıdır. Kutsal ruh tam olarak eksiksiz tanrıdır. Ancak 3'ü bir tanrıdır.

A+B+C=D etmektedir. Ancak A=D, B=D, C=D önermelerine de aynı anda inanmanız gerekiyor. Yani aslında D+D+-D=D ediyor. Özetle 3=1 anlamına geliyor.[4]

Bu da aklen muhaldir. Hristiyan teolojisi bu muhal üzerinde patinajdan ibarettir.

Aklen çelişki göstermek öyle bir şeydir ki muhatabınızın imanını sadece fideizme iter. Fideizm ise "Buna inanan her şeye inanır." noktasında kalır. Tercih ettirici hiçbir makul sebep kalmamış olur. Örneğin bir Hristiyan "Tanrı isterse muhal bir şey ile de bize hitap eder." dese biz ona "O hâlde seninkinden daha zayıf hiçbir görüş yoktur. Zira sen muhali bile kabul ediyorken başkasını neyle tenkit edebilirsin?" deriz. O öyle bir duruma düşmüştür ki savunduğu görüş, olabilecek en kötü pozisyondadır. Aklen muhale düşmeyen ancak yanlış olan görüşler bile bundan daha güçlüdür.

Naçizane kanaatim yukarıdaki görselde kullanılan şekliyle teslisin 1=3 önermesi formunda olmaktan kurtulamadığıdır. Bu aklen zaruri bir bilginin ihlalidir.[5] Bence çok temiz bir çü-

---

4. Daha detaylı anlatım ve muhtemel itirazlara cevaplar için - https://youtu.be/LG1TZpp4Qvk (Altay Cem Meriç - Teslis ve Mantıksal Çelişki)
5. Aklen zaruri gördüğümüz bilgilerin numende geçerli olmasıyla il-

rütmedir. Pek tabii bu söylediğimiz çürütme teslisi bu şekilde kabul eden Hristiyanlar için geçerlidir. "Ben bu önermelerin olmadığı bir teslise inanıyorum." diyen bir Hristiyan çıkarsa başta konuştuğumuz gibi bu itirazımız onun teslisini çürütmüyor olabilir. Burada diyalektik bir süreç başlar, belki onun itirazının sadece biçimsel olduğunu, içerik açısından tenkidimize dahil olduğu gösterilir, belki tenkidimizin dışında kalır başka yönden tenkit etmeye çalışırız vs. Düşünmek, çürütmek, ispat etmek kolay işler değildir. Kolaycıların işi de olamaz. Bu yüzden bu diyalog zaruridir.

Bu tarz aklın zaruri bilgisiyle çürütme neredeyse kesinlik ifade etmekle beraber oldukça nadir konuda kullanılabilir. Çok fazla örneğini bulmak güçtür. Örneğin ben İslam'a yönelen sık tenkitler içerisinde böyle bir tenkit bilmiyorum.

2-İç Tutarsızlık Gösterme

X dininin A, B, C, D, E, F fırkalarından A fırkasını çürütmeye çalıştığımızdan bahsetmiştik. A fırkasının K, L, M gibi kabulleri olduğunu varsayalım. K ve M arasında tutarsızlık, uyumsuzluk vb. göstermek bir çürütme metodudur. Bunun sayesinde A'nın doğru olmayacağı iddia edilebilir. Bu sık kullanılabilen bir yontemdir. Bence oldukça da verimlidir.

Elbette X dininin tüm fırkaları arasında ortak olan kabuller varsa bu kabuller arasında çelişkiyi gösterme yöntemiyle tenki-

---

gili felsefi tartışmaya girmek bu kitabın konusu değildir. Zira biz anlayamıyorsak aslının ne olduğunun bizim açımızdan da pek bir önemi kalmamış olur. Elbette fideizm bu bağlamda farklı bir fırka olarak öne sürülebilir. Fideizm çürütülebilir değildir. Çünkü rasyonel olmakla ilgili bir iddiası yoktur. Buna ileride değinmeye çalışacağız.

dimizin kuşattığı görüş sayısını arttırmak mümkündür ve verimli bir yöntemdir.

Böyle bir durumda muhatab görüşlerini revize ederek tutarsızlıktan kurtarmaya çalışacaktır.

3-Olgu ile Çelişki Göstermek (Bilimsel Çürütme)

Örneğin X dini T olayı hakkında bir öngörü ya da açıklama getirmiş olsa, bu öngörü ya da açıklamanın gözlemlenen dünya üzerinden yanlışlanması mümkündür. Örneğin X dini "İnsanlar kulakları sayesinde görür." deseydi bunu müşahede edilen dünyada bilimsel bilgi ve gözlem vasıtası ile çürütmeye çalıştığımızda bu yöntemi denemiş oluruz.

Burada iki yönden zorluk mevcuttur:

a. Olgu ile ilgili tespitimizin doğruluğu maalesef kesin olmayacaktır. Bilimsel bilgi tümevarım problemi vb. gibi felsefede bilinen bazı problemlerden dolayı kesinlik iddiasında değildir. Kesin bilgi vermediği için her zaman ilerlemeye ve yanlışlanmaya açıktır. Burada bilimsel bilgi çok çok güçlü bir zan verebilir. Bu kıymetsiz değildir. Naçizane kanaatim insan için bu donanımlarıyla kesin bilgi ya mümkün değildir ya da çok kısıtlı bazı önermelerde geçerlidir. Bilimsel bilgi bu yüzden oldukça değerli bir bilgi tipidir. Ancak bilimsel bilgilerin tamamı da aynı güçte zanlar vermeyecektir. Örneğin gözlemlerimiz ile teorilerimiz arasındaki güçler eşit olmayacaktır. Mesela bir kalemi serbest bırakınca düşmesi çok çok güçlü bir zan ifade ederken kuantum pek çok noktası henüz net aydınlatılamamış kompleks bir anlatıyı temsil eder. Bazen teorilerin de ciddi düzeyde revize edilebildiğini ya da tamamen terkedilebildiğini bilim tarihinden bilmekteyiz.

Gözlem ve teoriler arasındaki fark kadar önemli bir diğer fark bilim sahalarının imkânlarından kaynaklanan farklılıklardır. Örneğin fizikteki bilimsel bilgi ile biyolojideki bilimsel bilgi tamamen aynı niteliğe sahip değildir. Ya da pozitif bilimler ile sosyal bilimler olguyu tam açıklamakta eşit güçte değildir.

Olgu ile çelişme iddiasının fizik bir gözlem üzerinden gelmesi ile psikolojik bir teori üzerinden gelmesi arasında çok ciddi farklar vardır. Hatta teorilerin olgu ile çatışma gösterip göstermeme gücüne sahip olması bile ciddi şekilde tartışılabilir. Örneğin Ptolemaios kozmolojisi ile İslami anlatılarda geçen bazı metinler çatışabilirdi. Burada Ptolemaios kozmolojisi olguya işaret etmiş sayılır mıydı? Sonuçta Ptolemaios kozmolojisinin kendisi olgusal gerekçelerle yanlışlandı.

b. Yorum genişliği: Bir metnin "İnsanlar kulağı ile görür" dediğini düşünelim. Olgusal çürütmeye gittiğimizde görme organının göz olduğunu a maddesinde açıkladığımız kriterle gösterdiğimizi varsayalım. Burada ilgili metni savunan bir dindar "Bu metinle kastedilen işitsel bilginin önemini vurgulama açısından edebi bir anlatımdır. İfadenin ilk anlaşılan anlamı değildir." dediğinde ne yapabiliriz? Burada ona "Senin gerçek dinin şudur." deme salahiyetinde olamayacağımızı daha önce göstermiştik.

Gerçekten gerek dinler gerek felsefeler açısından olsun bu çok sık karşılaşılan bir durumdur. Aşabilmek oldukça güçtür. Zira "Bu metni şöyle yorumlayanları çürüttüm." deseniz ve çürütmeyi de çok başarılı bir şekilde yapsanız bile, zaman geçtikçe tüm kitlenin çürütme yaptığınız yorum yerine çürütmenizi aşan yoruma gittiğini müşahede edersiniz.

Ancak bu da tamamen anlamsız bir çaba değildir. Zira bir görüşün savunulması için muhatabınızı daha zor yoruma itmiş olursunuz. Bu tarz çokça olay olduğunda muhatabınızın görüşleri sağduyudan uzak görünmeye ve insanlara cazip gelmemeye başlayacaktır. Bu anlamda yaptığınız iş kıymetsiz olmayacaktır.

4-Haberin Tenkidi

Bu başlık aslında bildiğim kadarıyla diğer dinler için mümkün değildir. Sadece İslam için açılabilir bir başlıktır. Bundan önceki *Peygamberliğin İspatı* isimli eserimde Hz. Muhammed'in (a.s.) peygamber oluşunu bir haber incelemesi üzerinden ispat etmeye çalışmıştım. Burada haberin kurgusu "Cebrail bana göründü ve Allah'ın peygamberi olduğumu söyledi." şeklinde Hz. Muhammed'in (a.s.) getirdiği haberin doğru ya da yalan olması üzerinden incelemesine dayanıyordu. O eserimizde sadece haber incelemesi yapacağımızı ve teorik ispata hiç girmeyeceğimizden bahsetmiştik. Çünkü teorik çürütme ne kadar zorsa teorik ispat da o kadar zordur. Bu yüzden o eserimizi sadece haber üzerine kurmuştuk.

Böyle bir haber incelemesini uzun bir çalışmayla ilmek ilmek dokuyarak yapmaya ve bir ispat metoduna dönüştürmeye çalışmıştım. Umarım başarılı olmuştur. Kitabın müellifi ben olduğuma (yani yazdığım şeyin doğru olduğunu düşünmemin doğal olması sebebiyle) ve henüz kurgumu bozacak bir itirazla karşılaşmadığıma göre bunu başarılı bir ispat olarak kabul ederek burada ele alacağım. Nihayetinde başarılı olduğunu düşünmeseydim neden kitap hâline getireyim?

Burada Hz. Muhammed'in (a.s.) getirdiği haberde -haşa- yalancı olduğunun ispatlanması aslında İslam için bir çürütme metodu olacaktır. Bu kitapta ele alacağımız bazı sorular bu imada bulunmaktadır. Böylesi soruları özellikle haber düzleminde ele alarak cevaplamak bu açıdan benim için oldukça önemli. İlerleyen sayfalar ya da serinin ilerleyen eserlerinde bunları müşahede edeceksiniz inşallah.

Tabii akla takılacak bir soru şudur: Neden "Haberin tenkidi sadece İslam içindir." denildi?

Burada haber incelemesi yapabilmek için öncelikle haber kaynaklarının güvenilirliğini gösterebilmek gerekmektedir. Haberi getiren eğer tek bir kişiyse onun hayatını inceleyecek kadar tarihî veriye sahip olmak gerekli. Bu sebeple *Peygamberliğin İspatı*'nda uzun uzun en eski yazma mushafları ve Kur'an tarihi aktardık. Bunun dışında tarihî anlatıları oryantalistlerin eserlerinden yaparak düşmanın itirafı mahiyetinde deliller gösterdik. Tüm bunlar haberin incelemesini yapacağımız tarihî kaynakları sabitlemek içindi.

Yaygın olarak bilinen dinlerin çoğunda böyle bir inceleme mümkün değildir. Örneğin Hinduizm gibi dinler bir şahsın getirdiği haber gibi ele alınmaktan çok uzak şekilde kollektif bir oluşuma sahiptir. Ya da Hristiyanlık gibi dinlerde Hz. İsa'nın "Ben Allah'ın oğluyum." demesi gibi bir söylemi haber bağlamında inceleyeceğimiz güvenilir tarihî veri kaynağı yoktur. Elimizdeki İncillerin tarihî açıdan güvenilir metinler olmadığı birkaç yüzyıldır filoloji çalışmalarıyla başlayan süreçte artık açıkça bilinmektedir. Bu durumun yanı sıra elimizdeki İncillerde dahi Hz. İsa'nın böyle bir ifadede bulunduğu iddiası oldukça tartışmalıdır. Yani hem materyal Hz. İsa dönemine ait değildir hem de bu ileri tarihe yönelik olan metnin haberin içeriği olduğu söylenen şeye delaleti zayıftır. Bu haber incelemesini materyal açısından imkânsız bir hâle getirmektedir.

Burada haber tenkidi sadece İslam'a yapılabiliyorsa bizim inşa ettiğimiz haber delili de ancak İslam için yapılabilir.

Aksini iddia eden birisi güvenli tarihî kaynaklarla incelenebilecek bir iddia bulursa, haber delili ya da haber tenkidini orada da işletebilirler.

5-Sağduyuya Hitap

Fark edileceği üzere bir fikri büsbütün çürütmek ciddi anlamda zor bir şey. Hele de dallanıp budaklanmış ve farklı yorumlara muhatap olmuşsa. Elbette ana gövdesi problemli olan bazı görüşleri oldukça geniş bir kuşatıcılık ile tenkit edebilmek mümkündür. Örneğin teslis tenkidinin Hristiyanlığa yönelmesi gibi. Bence daha kaliteli ve sofistike olan çürütme metotları bu şekilde hedefin belirlendiği biçimde olur.

Her ne kadar böylesi tenkitler yukarda bahsettiğimiz yorum metotları ya da diğer itirazlarla savuşturulabilse de her uzak yorum savunulan fikrin elde kalan kısmını daha kabul edilemez ve absürt hâle getirecektir. Genellikle fikrî saha bir boks maçından ziyade sumo güreşine benzer. Nakavt yoktur, ama rakibinizi iterek makul olan sahanın dışına sürükleyebilirsiniz.

Belki büsbütün çürütme vaki olmasa da muhatabınızı "Ben kimsenin daha önce söylemediği bir Hristiyanlık şekline inanıyorum. Buna göre Hz. İsa bir melekti, insanlar onun yaşayan bir insan olduğunu sandılar. İsa'nın tekrar dirilmesi toplu bir halüsinasyondu ama verilen mesaj doğruydu." gibi bir anlayışa ittiğinizi düşünün. Artık bu noktadan sonra her tevili tekrar kırmaya uğraşmaktansa "Bence böyle bir dine inanmaktansa şöyle düşünmek daha mantıklı." gibi kıyasa giderek muhatabınızın görüşünün yakışıklı olmaktan oldukça uzaklaştığını söyleyebilirsiniz.

Ya da tam tersi bir perspektif alsak; örneğin bilimsel mucize ispatları ya da dinin doğruluğunu ispat eden deliller tevil edilebilir. Zorlama yorumla mucizeliği düşürülmeye çalışılabilir. Belirli bir noktadan sonra bu tavır zorlama ve sağduyudan uzak görünecektir. "Bu kadar kötü tevillere sarılacağına iman etmek daha makul duruyor." düşüncesi böyle bir durumda yine devreye girecektir.

Savunan önceki dört maddede saydığımız yöntemleri kullanabiliyorsa saldıran da bu metodu belli bir yerden sonra kullanabilir.

Elbette bu oldukça subjektif bir zemindir. Sonuçta güzellik algısı gibi görelilik barındırır. Ancak bir noktadan sonra Charlie Chaplin ile Brad Pitt'i yakışıklılık açısından kıyaslıyorsanız burada konu aslında çok da bulanık değildir. Her ne kadar Brad Pitt'in Charlie Chaplin'den daha yakışıklı olduğunu rasyonel ispatlamak zor olsa dahi ortalama insanın sağduyusu durumu anlamakta zorlanmayacaktır.

Sizin çürütmeleriniz muhatabınızın görüşlerini sağduyulu olmaktan çıkartıp onu teviller sebebi ile çirkin olmaya zorladı ise aslında başarılı olmuş sayılırsınız.

Maalesef insan fikri zannedildiğinden çok daha az kesinlik ve keskinliğe sahiptir. Çoğunlukla da kullanılan metot budur. Büsbütün anlamsız olduğunu söylemek de zordur. Bu kitabın konusu gibi olan tartışmaların büyük kısmı bu sebeple ispattan ziyade retoriktir.

Bu başlıkta yazmış olduklarımız her ne kadar ciddiyeti haiz olsa da bu kitabın cevaplamaya çalıştığı soruların büyük bir kısmı çok kolay kavranır safsatalardır. Bu safsatalarda bizce çok yakışıklı olan İslam, çirkin gösterilmek istenmiştir. Buna verdiğimiz cevap da aslında bu mahiyette olacaktır.

İSLAM DOĞRU DİN İSE İSLAM COĞRAFYASI NEDEN KÖTÜ DURUMDA?

TENKİDİN İÇERİĞİ

İçinde yaşadığımız çağda oldukça sık yöneltilen bu tenkit bazen soru formunda da ortaya çıkmaktadır. Tezahür edişi yaklaşık olarak: "Şu Ortadoğu'nun ve Müslümanların hâline bak. İslam doğru olsaydı Ortadoğu bu hâlde olur muydu?" şeklinde olmaktadır.

Elbette soru belli bir tarih yükünü içermektedir. Sonuçta İslam coğrafyasının bugün 1600 yıllarındaki gücünde olmadığı açıktır. Bunun dışında soruyu besleyen bir boyut da içinde yaşıyor olduğumuz çağın paradigmasının empirisizm (deneycilik) üzerinden pragmatizmi (faydacılığı) desteklemesidir. Bu paradigma, olay ve olguları sonuçları üzerinden değerlendirmeyi gerekli kılmaktadır. Dolayısıyla başarı yoksa haklı değilsinizdir. Bu paradigma, içinde yaşadığımız çağın ruhunu oluşturmaktadır.

Sorunun içeriğinde bir diğer boyut muhatabın İslam coğrafyasının tamamını biliyormuş gibi varsaymasıdır. İslam coğrafyasının tamamı bu soruyu ortaya atan kişiler tarafından âdeta savaş zamanındaki Bağdat gibi görünmektedir. Tüm İslam coğrafyasındaki bütün insanlar mutsuz, öfkeli, nefret dolu ve fakir olarak tahayyül edilmektedir. Bunda elbette Batı medyasının Müslüman tasvirlerinde sürekli gözleri kapalı, ağzı açık ve salya akıtarak bağıran Müslüman profilini seçmesi ve özellikle görsel medyada kullanarak bu imgeyi insanların zihinlerine kazımasının da etkisi vardır. Muhakkak İslam coğrafyasında zengin, müreffeh, huzurlu ve insanların mutlu olduğu yerler var. Hatta örneğin bir mutluluk göstergesi olarak ele alınırsa ortalama intihar oranı İslam coğrafyasının gelişkin Avrupa ülkelerinden çok daha düşük olduğu söylenebilir.

Elbette bu söylediklerimize haklı olarak ekonomik durum, ortalama insan hakları vb. veriler üzerinden itiraz edilebilir. Bunda tamamen haksız olunacağını da söylemiyorum. Cevabımızı sadece "Böyle bir problem yok." zeminine yaslamak fazla yüzeysel olacaktır. Ancak mevcut durumun itirazda tasvir edildiği şeklinin abartılı ve maksatlı olduğuna işaret etmek istedim.

İTİRAZIN MANTIKSAL GÖRÜNTÜSÜ

Önermelerin içeriklerini tam olarak algılayabilmek için onları parça parça bölmekten daha faydalı bir yöntem yoktur. Bu itirazın hedeflediği maksatla ele alıp parçalarına ayırırsak:

A: İslam coğrafyası geri kalmıştır ve kötü durumdadır.

B: Bu kötü durumun sebebi İslam'dır.

C: Bir dinin bağlıları kötü durumda ise o din hatalıdır.

D: O hâlde İslam yanlıştır.

ÖNERMELERİN İNCELENMESİ

Aslında argüman olarak öne sürülen şey açımlandığında zayıflığı belli olmaktadır. O hâlde başlayalım:

A: (İslam coğrafyası geri kalmıştır ve kötü durumdadır.) Bu olgusal duruma işaret etmektedir. Argümanın en doğru cümlesi budur. Teknolojik ve ekonomik yönden geri kalmışlık oldukça kolay gösterilebilir bir şeydir. Bunun yanı sıra eğitim kurumlarında da, bilgi üretimi açısından da geri kalmışlık belirgindir. Ancak tasvir edilmeye çalışıldığı gibi ahlakı da içine alan ve tüm konularda böyle bir geri kalmışlık olduğu iddiası gösterilmiş değildir. Sadece güçlü bir propagandayla öyleymiş imajı çizilmektedir. İntihar oranları, uyuşturucu kullanımı, evsiz kalmış insan sayısı vb. sosyal konuların pek çoğunda İslam coğrafyasının Batı'dan daha iyi durumda olduğu öne sürülebilir.

Aslında sosyolojiyle ilgilenen insanların daha kolay bileceği üzere fakirlik, fakirlik dışındaki pek çok sosyal problemin sebebidir. İslam coğrafyasında Batı'ya oranla fakir olunmasına rağmen diğer konulardaki iyi durum ilgi çekicidir. Örneğin İslam coğrafyasının zengin, Batı coğrafyasının fakir olduğu bir düzlemde nasıl bir tablo ile karşılaşılırdı bunu düşünmek gerekmektedir. Bu yüzden önermenin bu cümlesi "İslam coğrafyası teknoloji, bilim, askerî güç, bilimsel üretim vb. konularda geri kalmıştır." şeklinde olması gerekir. Zira "İslam coğrafyası geri kalmıştır." formu "İslam coğrafyası her konuda geri kalmıştır." gizli anlamını içeren bir retorik barındırmaktadır ve bunun doğruluğu açıkça gösterilmiş değildir.

Her ne olursa olsun refah, güç ve teknoloji açısından İslam dünyasının geri kaldığı kabul edilebilir bir önermedir. Bu argümantasyon içerisinde itirazımızın odağını oluşturacak önerme bu olmadığı için uzunca tartışmadan diğer iki önermeye geçmek faydalı olacaktır.

B: "Bu kötü durumun sebebi İslam'dır."

Bu ciddi bir neden-sonuç iddiası olmasına rağmen neredeyse hiçbir dayanağı olmayan bir cümledir. Neden-sonuç göstermenin metodu bilinmektedir. Önce muhtemel nedenler ele alınır sonrasında eleme vb. yöntemlerle muhtemel nedenler arasından gerçek neden tespit edilmeye çalışılır. Oysa "İslam dünyasının geri kalmasının nedeni İslam'dır." önermesinde eldeki tek veri İslam dünyasının "İslam" dünyası olmasıdır. Yani korelasyon. Elbette korelasyonun nedensellik ispat etmediği A B C düzeyinde bir bilgidir. Diğer muhtemel nedenlerin ve olabilecek epifenomenlerin (yan olayların) dışlanması gerekmektedir.

Şimdi İslam coğrafyasının teknoloji vb. yönlerden geri kalmasıyla ilgili muhtemel nedenler nelerdir?

-Bilim yapma metodunun orada gelişmemesi.

-Akdeniz havzasına İslam toplumlarının sahip olması sebebiyle okyanuslar gibi büyük denizlere keşif yapma ihtiyacı duymamış olmaları.

-Burjuvazinin oluşmaması.

-Moğol istilası gibi yıkıcı bir istila yaşamaları. (Bu, Batı'yı Ortaçağ'a sokan barbar istilalarına muadil düşünülebilir.)

-İslam algısındaki bozulmalar. (Girişte anlattığımız üzere İslam dediğimiz fikir pek çok farklı fırka tarafından farklı şekilde algılanabilir. Bir fırka diğerinin anlayışını gerilemenin sebebi olarak ele alabilir. O hâlde burada bu tenkit tüm İslam fırkalarını ele almaktan elbette uzak olacaktır.)

Bu muhtemel nedenler gerçekten çok artırılabilir. O hâlde muhatap bunun diğer sebeplerden kaynaklanmadığını, İslam'dan kaynaklandığını hangi argümanlarla ispat etmiştir? Ben bu şekilde iddiasını temellendiren bir muhalife hiç denk gelmedim. Bu sebeple ne söyleyeceklerini kestiremediğim için "Bu delilsiz bir iddiadır." demekten ileri gitmeyeceğim.

Delilsiz kaldığı sürece bu neden-sonuç iddiası sakız kâğıtlarında yazan şiirlerden daha yüksek bir argüman değerine sahip değildir. Delillendirilene kadar ciddiye alınası bir yönü yoktur. Sadece korelasyonla bunu ispat ettiğini zannetmek "Attığım bardak yere düştü çünkü gözlerim siyah." demek gibidir.

C: "Bir dinin bağlıları kötü durumda ise o din hatalıdır."

İşin aslı bu biraz ilginç bir iddiadır. Zira eleştirilmeye çalışılan din başından sonuna kadar bu argümanı reddetmek üzerine kuruludur. Kur'an'ı bir defa okuyan, onda sık sık müşriklerin "Eğer siz doğru yolda olsaydınız zengin ve güçlü olurdunuz. Dünyada Allah bize nimetler verdiyse bu bizi sevdiğini gösterir. Ahirette de bunun gibi olacaktır." anlamında sözlerini nakletmektedir. Kur'an'ın sürekli tenkit ettiği bu din telakkisinde, dünyada zengin ve güçlü olmak kişiyi Allah'ın sevdiğinin ve dolayısı ile ahlaken onu beğendiğinin alameti olarak ele alınmaktadır.

"Bir dinin bağlıları kötü durumda ise o din hatalıdır." Tabii bu söylem tersine çevrildiğinde zımnen "Bir dinin doğru olması için o dinin bağlılarının iyi durumda ve güçlü vs. olması gerekir." gibi bir anlama gelmektedir. Muhatapların bunu nasıl ispat edeceğini gerçekten oldukça merak etmekteyim. Bizim bunun zıddını ispat etme yükümlülüğümüz yok. Zira burada çürütme iddiasında olanlar onlar. İspat etmesi gerekenler de onlar. Hangi metafizik kurguyu sağlayarak bunu ispat edeceklerini ciddi şekilde merak etmekteyim. Bu önerme de delilsiz olmak bakımından bir önceki madde ile aynı durumda olan bir yapıda.

Tabii bu kurguya göre İslam'ın bu güçsüzlüğe rağmen ilk döneminde Arap yarımadasında ortaya çıkardığı inanılmaz güç muhatapların Müslüman olmasını gerektirirdi. Yani onlar 900 yılında yaşıyor olsalardı bu argüman sebebi ile Müslüman mı olacaklardı? Zaten böylesi bir bakış açısı her zaman güçlünün yanında yer almayı ve güçlüyü haklı kılmayı gerektireceği için belki de gerçekten Müslüman olurlardı. Hakikat bu bakışta gücün yanında ve yakınında olmaktan köken almaktadır. Bu gerçekten sonuçları pek kabul edilebilir bir şey değildir.

Tarihin her devrinde güçlü olanın haksız, hakikate ulaşmaktan uzak, zorba, ahlaksız, ceberut olduğu dönemler olmuştur. Tüm bu durumlarda gücün muhalifini güçsüz olduğu için haksız bulmak gerçekten örneklere inildiğinde kimsenin kabul etmeyeceği bir şeydir.

Bir yenilgi akabinde Uhud savaşı sonrası nazil olan şu ayet gücün ve haklılığın paralel olduğu vehmini temelden reddetmektedir.

إِن يَمْسَسْكُمْ قَرْحٌ فَقَدْ مَسَّ الْقَوْمَ قَرْحٌ مِّثْلُهُ وَتِلْكَ الأيَّامُ نُدَاوِلُهَا بَيْنَ النَّاسِ ﴿

> "Eğer bir yara aldıysanız, o kavme de benzeri bir yara değmiştir. İşte o (galibiyet) günlerini biz insanlar arasında devrettirip dururuz." (Al-i İmran, 3:140)

Kısacası bir gayrımüslim "İslam doğruysa Müslümanlar neden kötü durumda?" diyerek İslam öğretisinde iç tutarsızlık oluşturamaz. Çünkü İslam'ın "Müslümanlar her daim hiç yenilgi tatmaksızın galip gelecektir." gibi bir iddiası yoktur, hiçbir zaman da olmamıştır.

Bir diğer boyut, İslam'ın tarih boyunca güç açısından bakıldığında en başarılı din olduğu söylenebilir. Napolyon'un Mısır'ı işgaline kadar Müslüman toplumlar her zaman bölgelerinde hâkim unsur olmuşlardır. Başka dinlerin tebaası olmamıştırlar. Hz. Muhammed'den (a.s.) sonraki 1000 yılda yeryüzündeki her 3 büyük devletin 2 tanesinin Müslümanlara ait olduğu söylenebilir. Tüm bu başarı, o dönemde İslam'ın hakikat olduğunu mu söylüyordu? Bir din o çağda hakikat olup bu çağda nasıl hakikat olmayabilir?

Eğer bu başarılar o dönemde hakikat olduğu anlamına gelmiyorsa, bugün güçsüzlük neden hakikat olmadığı anlamına gelsin? Başarısızlık hakikat olmadığına delil oluyorsa, başarı neden hakikat olduğuna delil olmasın?

Burada başarı kıstasının nasıl hevaya hitap eden bir argümantasyon olduğunu rahatlıkla anlayabiliriz. Zira muhatap burada öyle bir yaklaşımla delil öne sürüyor ki, ileri sürdüğü delili kendi aleyhinde geçersiz sayıp lehinde olduğunda kabul ediyor. Aslında düşüncede heva ve hevese tabi olmak tam da böyledir.

Güç, gerçekten de burada tasvir edildiği gibi statik olmayan dinamik bir şeydir. Eğer hakikate sahip olmanın kriteri olsaydı gerçek bir hakikatten bahsedilemezdi. Değişim problemi bilinmektedir. Eğer bir hakikat yoksa İslam'ın hakikat olmadığı iddiasının gerçekliği nasıl savunulabilir ki? Ateizmin ya da diğer görüşlerin hakikate temas ettiği nasıl öne sürülebilir?

Örneğin Hitler döneminde Almanya'da Naziler gerçekten güçlüydü. Stalin kendi çağında gerçek bir güçtü. O dönem aralığında muhataplar yaşasaydı onlar için hakikat ne olacaktı?

Ayrıca böyle bir anlayış üzerine bir ahlak felsefesi oturtmak lazım. Mesela güçlülük hakikatin sahibi olmak anlamına gelecekse zayıflar hakkında nasıl davranılmalı? Buradan Hitler'in sakatları öldürmesi gibi bir ahlak anlayışına çıkılması doğal sonuçtur. Zira zayıflamak haksız olma alametine dönüşecektir. Güç kaybettirecek görüş de aynı şekilde. Bunları, bu argümanı ortaya atan muhataplarımızın bile kabul etmeyeceği açıktır.

Hasılıkelam bu önerme ispatlanabilir değildir. Delillendirilmiş değildir. Bilakis muhalif deliller çok daha fazladır. Aksi yöndeki görüş daha kolay delillendirilebilmektedir. Eğer eşit güçte delillendiriliyor olsaydı dahi hiç yakışıklı bir görüş değildir. Genellendiğinde gücün altında tarih boyunca ezilmiş tüm mazlumları güçsüz oldukları için haksız olmakla itham etmeyi gerektirmektedir. Ve elbette neredeyse her görüş belirli dönemlerde zayıf olduğu için haklı-haksız gibi bir zemini de ortadan kaldırmaktadır.[6]

D: "O hâlde İslam yanlıştır."

Bu önermeye ulaştıran "A: İslam coğrafyası geri kalmıştır ve kötü durumdadır." önermesini mutlak olarak değil, belirli kayıtlar altında kabul ettik. "B: Bu kötü durumun sebebi İslam'dır." "C: Bir dinin bağlıları kötü durumda ise o din hatalıdır." önermelerini ise delilsiz olmaları ve muhalifi deliller daha güçlü olması sebebiyle açıkça reddettik.

A-B-C önermelerinden bir tanesine geçerli itiraz ettiğimizde D sonucuna ulaşılamaz. Bu yüzden bu argümantasyon geçerli değildir.

---

6. Burada pasaj boyunca "haklı" kelimesini "hukuki" değil "hakikate sahip olmak" anlamında kullanmaya çalıştım.

BİR UYARI

Tabii burada yanlış anlaşılma doğurabilecek bir duruma açıklık getirelim. Biz, "Müslüman âlimler, Müslüman entelektüeller, Müslümanların İslam'ı anlama şekilleri yahut genel olarak İslam coğrafyası tenkit edilemez." demiyoruz. Elbette edilebilir. Bundan sonuçlar da çıkarılabilir. Zira sonuç her zaman nedenleri açıkça vermese de nedenleri anlamak için elimizdeki en önemli veri tiplerinden biridir. Ancak neden sonuç ilişkileri çocukça genellemelerle kurulmazlar. Titiz çalışma isterler.

Şunu da söylemeden geçemeyeceğim: Mağlup bir medeniyet, ekonomisi ve sosyal koşullarıyla kınanamaz. Mağlubun hâlinin çok kötü olması galibin ahlaksızlığını gösterir.

Bunun için Endülüs'ün, Müslümanlar fethettikten sonraki hâli ile Hristiyanlar fethettikten sonraki hâline bakmak yeterlidir. Yahut Kudüs'ün, Müslümanlar fethettikten sonraki hâli ile Hristiyanlar fethettikten sonraki hâline bakabiliriz.

Bir medeniyetin yenilmesinin ana sebebi medeniyetin kendi hataları olabilir lakin yenilen tarafın ekonomik ve sosyal koşullarda hâlinin içler acısı durumda olmasının en büyük sebebi galibin vicdansızlığıdır.

Bu yazıyı tümüyle bir gayrımüslimin de okuyacağı bir üslupta yazmaya çalıştım. Yazıyı bitirirken bir Müslüman olarak -delil niteliği taşımasa da- hislerim sorulacak olursa şunu söyleyebilirim:

İran kökenli olan Selman-ı Farisi herkesin soyuyla övündüğü bir meclisde "Biz İslam'ın çocuklarıyız." der. Ben kendimi böyle hissediyorum. Bizim içinde yaşadığımız bu coğrafyanın harcı İslam olmuştur. Kültürümüz, yaşamımız, değerlerimiz ve bakış açımız istesek de istemesek de buna göre şekillenmiştir.

Nihayetinde hepimiz İslam'ın çocuklarıyız. İslam bizim babamız. Babamız bize borç bıraktıysa borcunu öderiz, bundan da gocunmayız. İslam medeniyeti bugün bizim elimize mağlup şekilde ulaşmış, "İslam'ın Uhud çağında doğmuşuz." der geçeriz. Babam bana borç bıraktı diye arkasından yapıcı olmayan faydasız homurtuyu ben kendi ahlakıma yakıştırmam. Ama o borç artık benim borcum olmuştur. Bana yakışan bu borcu ödemek için çabalamaktır.

KUR'AN'DA GRAMER HATASI VAR MI?

Gayrımüslim kesimin bir kısmı tarafından Kur'an'da gramer hataları olduğu iddia ediliyor. Sorunun içeriği oldukça zayıf olduğu için cevabımız nispeten kısa olacak.

ARAP GRAMERİ NEREDEN ÇIKTI?

Öncelikle bu itiraz başlı başına biraz gariptir. Çünkü Arapların Kur'an'dan önce herhangi bir gramer kitabı yoktur. Belirlenmiş, ölçüleri tayin edilmiş yani özetle tedvin edilmiş bir grameri yoktur. Hatta Kur'an öncesine ait yazılı eserleri de yoktur. Arapçada kullanılan gramer zaten Kur'an'dan sonra bizatihi Kur'an metninden çıkarılmıştır. Özetle: Kur'an, gramerin kendisinden türetildiği kitaptır.

Bu bir kişinin önüne aldığı malzemelerden bir kaideler topluluğu çıkarıp "Bu malzeme kaidelere uymuyor." demesi gibi garip bir sonuca çıkmaktadır. Eğer Kur'an'da gramere uymayan bir şey olsaydı böyle bir durum olsaydı dahi kaidenin malzemeden yanlış ya da eksik çıkarıldığını düşündürtürdü. Bu güneşin hareketlerini inceleyerek bilimsel çıkarımlar yapıp sonrasında "Güneş bilimsel çıkarımlarımıza göre hatalı hareket ediyor." demeye benzemektedir. Bu elbette komik bir tavırdır.

Bir kaidenin kendisinden çıkarıldığı asılda, o kaideye muhalif bir durum varsa o kaide yanlış çıkarılmış demektir. Kur'an'da gramer hatası aramak da böyledir. Zaten Arapçanın gramer kaideleri Kur'an'dan hareketle oluşturulmuştur.

GRAMERİN KAYNAĞI

Bazıları buna "E, gramer olmadan insanlar nasıl konuşabilirler? Gramer yoksa Kur'an'ın icaz iddiası ne olacak?" gibi itirazlar getiriyor. Bu konuyu anlamaktan ciddi düzeyde uzaktır.

Gramer dediğimiz şey tedvin edilmiş kaidelerdir. Araplar elbette Kur'an öncesinde belirli bir gramatik yapı içerisinde konuşuyordu. Ancak bu yapı bir ilim dalı oluşturacak şekilde düzenlenmemişti. Deyim yerindeyse Arap dilinin özellikleri kâğıda dökülmemişti. Diller böyle dönemlerde işitmeye dayalıdır. Pek tabii duymaya dayalı olarak o dönemde bozuk bir dil fark edilebilirdi. Ancak bugün bizim duymaya dayalı olan bu dili geriye doğru değerlendirebileceğimiz gramatik hiçbir kaynağımız yok.

O hâlde bugün yapılmaya çalışılan şey, tedvin edilmiş ve kâğıda aktarılmış gramer üzerinden değerlendirmektir. Bu gramer de zaten Kur'an'dan çıkarılmıştır. Zira Arabın Kur'an'dan önce yazılı bir kitabı yoktur.

Diyelim ki çıkarılan kaidelerde Kur'an'a muhalif bir şey bulundu. Kaidenin çıkarıldığı hiçbir kaynak Kur'an'dan eski olmadığına göre biz o dönemin dilinde bunun kullanıldığını düşünürüz. Ya da kaideyi çıkaran Kur'an'dan çıkardıysa hatalı çıkarımda bulunduğunu düşünürüz. Ya da Kur'an'ın bir bölümündeki kullanım tarzı genel kullanım tarzına muhalefet ediyorsa dilde istisna olduğunu düşünebiliriz.[7] Nihayetinde Türkçede de istisnai kullanımlar gayet sıktır. Dil akışkan ve ele avuca sığmaz bir şeydir. Ben bugünün Osmanlıca gramer kitaplarına bakarak 1350 yılında yaşamış büyük bir Osmanlı şairinin kullanımında hata tespit edebilir miyim? Bu bir saçmalık olurdu.

Bu, bugün eline Yunanca gramer kitabı alan birinin MÖ. 1100 yılına ait Homeros metninde gramer hatası bulduğunu söylemesi gibi bir durumdur.

Zira o şairin kullanımı zaten o çağın dili için en önemli kaynaklarından biridir. Eğer çağdaşları o kullanımı tenkit etmediyse benim bulacağım hiçbir delil o şairin kullanımından daha güçlü bir delil olamaz. Kur'an'ın çağdaşlarına dil konusunda meydan okuması ve onların buna cevap verememesi de meşhurdur. Ayrıca ilk kitabımızda anlattığımız üzere bu ayetler ikincil delil[8] niteliği ile vakıayı tamamen güvenilir olarak ortaya koymuş olur.

KUR'AN'IN GRAMER YÖNÜNDEN İNCELENMESİ

Arap dilinin gramer kurucuları bellidir. Ebu'l-Esved ed-Dueli, Halil b. Ahmed, Sibeveyh, Ferra, Ahfeş, Zeccac vb. bu şahısların tamamı Müslümandır. Bu Müslüman şahıs-

7. Zaten sıklıkla bu tarz iddiaların durumu da böyledir. Basit düzey gramer bilgilerini ortaya atarak itiraz ediyorlar. Kabaca anlatmak gerekirse "Hakkıdır hakka tapan milletimin istiklal" dizesi önüne gelip "Türkçede cümle isim-tümleç-fiil formunda kurulur burada fiil-özne-tümleç olmuş. Gramer hatası var" demeye benzer bir tavır sergiliyorlar. Ancak Arapça bilmeyen bir okuyucuya da hitap etmesi açısından burayı Arapça örneğe boğmanın faydasız olacağını düşündüm.
8. Bunu *Peygamberliğin İspatı* isimli eserimizde uzunca anlattığımız için burada tekrar etme gereği duymuyoruz.

lar Kur'an'dan gramer tedvin edecekler ve bugün gelen birisi "Kur'an'da gramer hatası var." diyecek. Bu gerçekten komiktir. Gramerin kaynağı Kur'an, onu tedvin edenler Müslüman ama o tedvin edilmiş gramerden Kur'an'da hata bulan bir 21.yüzyıl insanı. Ne denilebilir ki?

KUR'AN'IN ÇAĞDAŞLARI

Sadece mantığımızı kullanarak biraz tefekkür edelim.

Kur'an, çağının diliyle inmiştir. İlk muhatapları ister düşman olsun ister taraftar bu dili konuşuyorlardı. Bugün 21. yüzyılda İstanbul'da yaşayıp Youtube'a "Kur'an'da gramer hatası var." minvalinde video yükleyen kişiler kendi basit Arapçalarına öylesine güveniyorlar ki, 1400 sene önce o toplumda yaşayan şair olsun edip olsun hiç kimsenin fark etmediği gramer hatasını fark etmiş olduklarını söylüyorlar. Hatta ve hatta Kur'an'da bir, iki de değil 2500 tane hata olduğunu iddia ediyorlar.

Bu sayı 1 sayfada 4 hata ediyor. Yani Kur'an "Ben var bilmek sizin dil."Tükçesi gibi bir Arapça ile sert bir toplumsal çatışmanın ortasında edebî meydan okuyacak ve buna rağmen galip gelecek. Cehaleti anlamak çoğu zaman mümkündür ancak ahmaklığı anlamak güçtür.

HZ. MUHAMMED'İN (A.S.) DİLİ

İşin daha ilginç yönü şudur: Bir an için -haşa- Kur'an'ın ilahi bir kitap olmadığını ve Muhammed (a.s.) tarafından yazıldığını farz edelim.

Araplar küçük çocuklarını hem temiz hava hem de fasih bir Arapça öğrensinler diye küçük yaşlarında çöle gönderirlerdi. Badiyede[9] temiz Arapça içinde büyümesi istenirdi. Hz. Muhammed'in (a.s.) süt annesi meşhurdur. Bu uygulama Araplar arasında âdetti. Örneğin Emevi halifesi Abdulmelik'in badiyede büyümemesi sebebiyle Arapçası tenkit edilmiştir. Hz. Muhammed (a.s.) badiyede büyümüştü. Kur'an'ı -haşa- Hz. Muhammed (a.s.) uydurmuş olsaydı dahi zaten "Ben var bilmek sizin dil." şeklinde hatalar yapmazdı.

Onun dilinde gramer hatası bulanlar 21.yüzyılda televizyondan duydukları Arapçayla sayfa başına dört hata bulduklarını mı söylüyorlar?

CAHİLİYE ŞİİRLERİ

Soruyu bir derece derinleştirmek istersek: Nakledilen Cahiliye şiirlerinde bulduğumuz bazı gramatik yapılar Kur'an'daki gramatik yapıyla çelişseydi ne denilebilirdi?

1. Cahiliye şiirleri Kur'an'dan çok sonra pek güvenilir olmayan kaynaklarla elimize ulaşmıştır. Tarihî açıdan tamamen güvenilir metinler sayılamayacağı gibi daha ileri yüzyıllarda tespit edilmişlerdir.
2. Cahiliye şiirleri lafzen korunarak gelmemiştir. Örneğin Cahiliye şiirlerinde kelimeleri öne alma yahut arkaya bırakma çok yaygındır. Yani ezberle nakledilmemiştir. İlerleyen dönemlerde mana ile nakleden kişinin kullanım hataları sebebiyle bozulmalar olması oldukça

9. Badiye, bedevilerin yaşadığı merkezden uzak yer anlamındadır. Çöl de kastedilir.

muhtemeldir. Yani 550 yılına nispet edilen bir şiir görece düzgün aktarılsa dahi 850 yılında onu nakleden ravi manen rivayet ettiği için oluşan uyumsuzluk ravinin manen nakletmesinden kaynaklanabilir. Bu yüzden Kur'an karşısında delil olacak güçte değildir.

3. Bir Cahiliye şiirinin gerçekten nispet edildiği çağa ait olduğunu ve ezberden nakledilmesi sayesinde bozulmadığını varsaysak dahi (ki böyle olanların oranının oldukça az çıkacağını zannediyorum) kendisine nispet edildiği şairin lehçesinin ve bilgi düzeyinin tespitini yapmak her zaman kolay değildir. Ancak çok meşhur olan şairlerde bu durum değişebilir.

4. Cahiliye şiirlerinin birinde bir gramer uygulaması gördüğümüzde bu gramer uygulamasının istisnai kullanımlarını da tespit edebilmek için diğer tüm Cahiliye şiirlerine hâkim olmamız gerekir. Nihayetinde gramer kurallarının istisnaları vardır ve tespit edilmediğinde kaide mutlaklaştırılır. Orada geçen bir ifadenin başka yönleri, vecihleri var mı yok mu? Bunları bilebilmek için bütünlük gerekmektedir. Cahiliye Arap şiirlerinden hareketle istisnai kullanımları tespit edebilmek için bütün şiir materyalini önünüze toplamanız gerekir. Cahiliye şiirleri kendilerinden gramer toplanacak düzeyde düzenli değildir. Bu elimizdeki verinin kuşatıcılığını düşürür.

5. Cahiliye şiiri ile Kur'an arasında tenakuz iddiası genellikle tutmayacaktır. Özellikle Zemahşeri, Kurtubi gibi müfessirlerin eserlerinde Cahiliye şiirlerindeki bazı sık kullanımların dışındaki gramatik yapının Kur'an'da kullanıldığı ayetlerde, başka Cahiliye şiirlerinden Kur'an'daki kullanımın benzerlerinin getirdikle-

ri görülür. Zaten bu tarz incelemeler Arapların dil otoritelerinin tamamı tarafından yapılmıştır.

Özetle Cahiliye şiirleri gramer kaynağı olma yönünden: Kur'an kadar eskiye nispet edilmiş değildir. Kur'an gibi kelime kelime korunmuş değildir. Tamamı derlenebilmiş değildir. Şiiri kimin söylediği her zaman belirgin değildir. Zaten Kur'an'ın Cahiliye şiirleri ile mukayesesi yapılmamış değildir.

2023 yılında İstanbul'da bir apartmanın 5. katında ana dili Türkçe olan birinin ya da "Ben de Arapça biliyorum, bak Arabım, o zaman Kur'an hatalıdır." diyene inanmak da komiktir. İncelediğimiz itiraz Arapça bilmeyen Müslümanları etkilemek için sürekli "Adam Arap, o söylüyor." vurgusu ile piyasaya sürülmektedir.

Dil denen şeyin ne olduğunu hiç bilmeyenler basitçe şöyle düşünebilirler: Dünyada yüz milyonlarca insan Arapça biliyor. Bunu fark etmenin 3-5 kişiye kaldığını düşünmek mi mantıklı yoksa 3-5 kişinin dikkat çekmek için böyle şeyler söylemeye çalışması mı?

Daha anlaşılır olması açısından ben de Türküm ama bir Türkçe otoritesi değilim. *Kutadgu Bilig*'de gramer hatası bulduğumu söylemem de yukarıda aktardıklarıma benzer sebeplerden ahmaklık olurdu.

Bu yüzeysel itiraza bu kadar cevabın yeterli olduğunu zannediyorum.

PEYGAMBER NEDEN EVLATLIĞININ HANIMIYLA EVLENDİ?

Bu kısımda en popüler İslam karşıtı argümanlardan biri olan, gayrımüslimlerin genelde “Neden peygamber evlatlığının hanımıyla evlendi?” şeklinde ifade ettikleri soruya cevap vereceğiz.

Gayrımüslimler iddialarını bir rivayete ve Ahzap suresi 37. ayete dayandırıyorlar. İlgili ayet:

وَاِذْ تَقُولُ لِلَّذٖى اَنْعَمَ اللّٰهُ عَلَيْهِ وَاَنْعَمْتَ عَلَيْهِ اَمْسِكْ عَلَيْكَ زَوْجَكَ
وَاتَّقِ اللّٰهَ وَتُخْفٖى فٖى نَفْسِكَ مَا اللّٰهُ مُبْدٖيهِ وَتَخْشَى النَّاسَۚ وَاللّٰهُ اَحَقُّ
اَنْ تَخْشٰيهُۜ فَلَمَّا قَضٰى زَيْدٌ مِنْهَا وَطَرًا زَوَّجْنَاكَهَا لِكَيْ لَا يَكُونَ عَلَى
الْمُؤْمِنٖينَ حَرَجٌ فٖى اَزْوَاجِ اَدْعِيَٓائِهِمْ اِذَا قَضَوْا مِنْهُنَّ وَطَرًاۜ وَكَانَ اَمْرُ
اللّٰهِ مَفْعُولًا ۝

> “(Resûlüm!) Hani Allah’ın nimet verdiği, senin de kendisine iyilik ettiğin kimseye, ‘Eşini yanında tut, Allah’tan kork!’ diyordun. Allah’ın açığa vuracağı şeyi, insanlardan çekinerek içinde gizliyordun. Oysa asıl korkmana layık olan Allah’tır. Zeyd, o kadından ilişiğini kesince biz onu sana nikâhladık ki evlatlıkları, karılarıyla ilişkilerini kestiklerin-

de müminlere bir güçlük olmasın. Allah'ın emri yerine getirilmiştir." (Ahzap, 33:37)

Öncelikle ayetteki olayı muhatapların nasıl betimlediğini anlatacağız. Bu betimlemenin neden hatalı olduğunu göstereceğiz. Olayın kahramanları üzerine konuşacağız, sonrasında olayı doğru şekilde baştan sona anlatıp en nihayetinde toplumsal sonuçları ve hedeflediği şeyler üzerine anladığımız kadarıyla açıklamaya çalışacağız.

İSLAM'A SALDIRMAK İSTEYENLER OLAYI NASIL ANLATIYOR?

Aslında bu konunun Türkiye'de gündem olmasını sağlayan geniş kitlenin konuya dair bilgisi "Peygamber evlatlığının karısı ile evlenmiş." cümlesinden ibaret. Bu cümle oraya buraya yazıldığı kadarıyla biliniyor ve sıkça tekrarlanıyor. Konu nedir, ne değildir? Buna dair pek fazla kişinin fikri olduğunu zannetmiyorum. Naçizane kanaatim bu konuyu gündem edenlerin %1'i bile direkt bu sureyi okurken ilgili ayete gelince "Burada bir problem var." Demiş değiller. Sadece "Peygamber evlatlığının hanımı ile evlenmiş." cümlesini bir yerde görüyorlar. "Ahzap 37, enter" yapılıyor ve Türkiye bir tane daha "Müslümanlar Kur'an okumadığı için Müslüman, bakın biz araştırıp ateist olduk"çu tayfa kazanmış (!) oluyor. Aslında bu okumalar esnasında denk gelinen bir garabet olmaktan çok insanların kulaklarına kitap dışı kaynaklardan (sosyal medya gibi) itilen bir propaganda.

Tabii ki aynı şey defalarca tekrarlanınca oluşan yankı odası hem söylenen sözün güçlü olduğunun vehmedilmesine hem de ilgili olayın açıklandığında yapılan açıklamanın doğru düzgün dinlenilmeden reddedilmesine sebep oluyor. Elbette bilgi ortaya konulduğunda bunlar köpüktür. Zaman uzun vadede algıdan ziyade hakikati destekler.

Bu iddia muhataplarımızın elindeki hâli ile oldukça zayıf temellendirilmiştir. Bu sebeple ben daha iyi hâliyle, oryantalistlerin tasvir ettiği şekliyle ele alacağım.

İTİRAZIN KAYNAĞI NEDİR?

Aslında bu konu Ortaçağ'da kilise papazlarının gündemiydi. Hristiyanlar Hz. İsa (a.s.) hiç evlenmediği için Hz. Muhammed'in (a.s.) evliliklerine fazlasıyla takıntılıdır. Zira içinde yaşadıkları topluma kültürel olarak garip geldiği için konuyu dönem Hristiyanlarının Müslüman olmasını engelleyecek bir retorik olarak görüyorlardı. Zira dönem Avrupa'sında din ve cinselliğin ters mıknatıslanma şeklinde algılanması yaygındı. Hz. Muhammed'in (a.s.) evlilikleri toplumsal önyargı ile uyumlu olduğu için kullanışlıydı. Sömürgecilik ve ilk dönem kaba/ilkel oryantalistler ortaya çıktığında, ellerinde İslam'ı inceleyecekleri ilk kaynak Ortaçağ'da kilise papazlarının yazdığı eserlerdi. İslam hakkında zihinlerindeki şablonları belirleyen bu eserler oluyordu. Daha sonra örneğin içlerinden İbn İshak'ın *Siyer*'ini inceleyen birisi çıkıyor ve saygı görüyordu. Bu kaba oryantalistlerin yazdıkları sömürgecilik dönemindeki siyasi gücün etkisiyle doğu coğrafyasında okunur oldu.

Sömürge toplumu içerisindeki aydın müsveddeleri bu anlatılara sarılarak Müslümanlara cahil Ortaçağ papazlarının derin İslam bilgilerinden (!) süzülen şeyleri "İslam'ın kimsenin bilmediği hakikatleri" (!) formunda anlatmaya başladılar. Oysa bu papazlar öylesine bilgiliydiler ki (!) Hz. Muhammed'i (a.s.) Hristiyan bir kardinal zannediyor ve papa olamadığı için yeni bir din kurduğunu sanıyorlardı. Bugün de aynen bu papazların algıları ile İslam'a yönelik tenkitlerin Hz. Muhammed'in evlilikleri vb. konular üzerinden daha ziyade cinsellik odaklı olduğunu görürsünüz. Zira bu tenkitlerin köken aldığı Hristiyan Ortaçağ'ındaki Batı'da cinsellik ruhbanca ve softa bir şekilde ele alınırdı. Bugün de popüler İslam tenkitlerinin büyük bir kısmının tabulaştırılmış konular hakkında olması bundandır.

Ortaçağ papazı-kaba oryantalist-aydın müsveddesi üçgenini neredeyse her tenkidin tabanında müşahede etmek mümkündür. Sosyal medyada görülen tenkitler genellikle "aydın müsveddesi" dediğimiz kişilerin cahilane tenkitlerinin daha da cahilane ifade edilmiş formlarıdır.

Biz burada soruya özellikle sosyal medya düzeyinde, Ortaçağ papazları ya da bizdeki İslam'dan hiç anlamayan İslam münekkitlerinin düzeyinde cevap vermeyeceğiz. Burada en güçlüsü zannediyorum ilk dönem kaba oryantalistlerinin anlatısıdır. Konuyu bu düzlemde ele alacağız. Daha sonra oryantalistlerin kullandığı argümanı da geliştirip tekrar cevaplayacağız. Bu hâliyle ilgili ayetin en iyi tenkidinin bu kitaptaki itirazlarla ortaya konulduğunu ve cevaplandığını görmüş olacaksınız.

İLGİLİ RİVAYET

Bu tenkitler birazdan aktaracağımız sahih olmayan ancak sahihmiş gibi aktarılan bir rivayet üzerinden yapılmaktadır. Onlar bu uydurma rivayeti kullanmakla yetinmiyor, uydurma rivayetin üzerine uydurmalar kuruyorlar. Uydurma bir rivayetten yola çıkarak aslında bir masal inşa ediyorlar. Tamamına zemin olan rivayetin uydurma olduğunu göstermekle yetineceğiz.

Rivayet mealen şöyle aktarılıyor: "Muhammed (a.s.) bir gün Zeynep'i görmüş. Çok etkilenmiş ve 'Kalpleri çeviren Allah'ı tespih ederim.' demiş. Zeynep de bunu duymuş ve kocası Zeyd'e iletmiş. Bunun üzerine Zeyd, Hz. Muhammed'in (a.s.) beğenmesine rağmen Zeynep'le evli kalmayı uygun bulmayarak peygambere gelip Zeynep'i boşamak istediğini iletmiş." Bu tümüyle uydurma bir rivayettir.

Ancak sosyal medyada bu uydurma rivayetle de yetinilmemekte, Hz. Muhammed'in, Zeynep'i banyo yaparken gördüğü, Zeyd'i öldürtmek için Mute savaşına gönderdiği ya da evlatlığının karısını zorla aldığı gibi olmayan ilave uydurmalar da yaygınca dolaşmaktadır. Uydurma rivayetin üzerine kurgulanan masalların bir sınırı yok.

Elbette masallara tarih incelemesinde cevap verilmez. Uydurma rivayetin daha da abartılarak uydurma romanını yazan kişilere cevap vermek bizim kendimize yapacağımız bir ayıp olur.

Bu sebeple uydurma olan rivayetin neden uydurma olduğunu göstermekle yetineceğiz. Bu uydurmanın üzerine yazılmış masalların saçmalığı otomatik olarak anlaşılacaktır.

BU RİVAYET NEDEN UYDURMADIR?

1. Sened açısından Elmalılı bu rivayeti aktarırken "Tarik ve senedi yoktur." diyor. Rivayeti nakletmeden önce "güya" diye başlayarak rivayetin zafiyetine işaret ediyor.

Nispet edilen senet de kopuktur ve metruk ravi vardır. Bu durum Alusi'nin tahkikinde ifade edilmiştir. Elmalılı merhum muhtemelen sahih senedi olmaması sebebi ile senedi yok demiştir. Metruk ravi hadisi alınmayan, terk edilen demektir.

İçinde metruk ravi bulunan rivayetlerin metni de problemliyse (bu problemlere birazdan işaret edeceğiz) buna uydurma denilir. İbn Cevzi'nin mevzuatında bunun çokça örneği vardır.

2. Metin ve akıl açısından: a) Hz. Muhammed'in Zeynep'i görünce şaşırıp etkilenmesi saçmadır. Zira kendisinin kuzenidir. Tesettür ayetleri de inmeden önce defalarca Zeynep'i görmüştür. Zeyd ile Zeynep'in nikahına dünürcü olan odur. İmam Maturidi ve İmam Kurtubi eserlerinde bu duruma işaret ederek ilgili rivayeti tenkit etmişlerdir.

b) Zeyd (ra.a.) karısına yan gözle bakıldığını anlasaydı onda hırs ya da kin oluşması beklenirdi. Sizde bile rahatsızlık oluşturan durum nasıl onda oluşturmaz? Onda böyle bir şey oluşmadığını biliyoruz zira ömrünün sonuna kadar Hz. Muhammed'in (a.s.) muhabbetiyle yaşamıştır. İlerde detaylarını anlatacağız.

c) İlgili rivayette, "Allah'ın açıklayacağı şeyi içinde gizli tutuyordun." İfadesi üçüncü bir ağızla "Muhammed (a.s.) Zeynep'e gönlünün kaydığını gizliyordu." gibi bir anlamda aktarılmaktadır. Oysa böyle bir şey Hz. Muhammed (a.s.) tarafından kendi ağzından açıklanmadıkça bilinemez bir şeydir. Hz. Muhammed (a.s.) kalbindeki durumu bizzat açıklamadan nasıl bilinebilir? Hz. Muhammed (a.s.) bunu gizliyorsa rivayet eden nasıl öğrenmiş olabilir? Zira bu üçüncü bir ağızla nakledilmiştir. İmam Maturidi bu ayetin tefsirinde "Bu gayba dair boş konuşmaktır." demiştir.

Bazen gayrımüslimler itiraz olarak, "Müslümanlar işlerine gelmeyen rivayete uydurma diyerek kurtuluyorlar." gibi söylemlerde bulunuyorlar. Buna cevap vermek yerinde olacaktır.

UYDURMA DEMEK KEYFÎ BİR İŞ MİDİR?

Burada durum şöyledir: Tarih incelemeye dair bir metot oluşturulmuştur. Muhatabımız bu metodun cahilidir. Ancak bazı uydurmaları da teolojik tartışma bağlamında kullanmaya çalışmaktadır. Doğal olarak biz de "bunlar uydurma" demekteyiz. Onlar bizim uydurma dediğimiz konuları sadece kendilerinin bildikleri sahalarda görmekteler.

Bu yüzden örneğin bizim 100 rivayete uydurma dediğimiz düşünülsün. Muhatabımız ile tartıştığımız konular ise 5 tanesi olsun. Muhatabımız bu 5 rivayetin hepsinin dinin aleyhine olduğunu düşündüğü için bizim işimize gelmeyen bu 5 rivayete uydurma dediğimizi zannediyor. Oysa biz geri kalan 95 rivayette bazı mucize iddialarına, Kur'an'ı öven bazı rivayetlere de uydurma diyoruz. Sadece bu durumdan onlarla bu tarz rivayetler aramızda tartışma konusu bile olmadığı için haberleri yok. Örneğin Zemahşeri tefsirinde Kur'an surelerinin fazilet ve mucizelerine dair rivayetler vardır ve bu rivayetler uydurmadır. Şimdi bu rivayetler İslam aleyhine olsaydı da biz bunlara uydurma diyecektik.

Örneğin bu rivayetler İslam aleyhine olsaydı, "Bakın en eski tefsirlerde geçiyor. Zemahşeri, Beydavi, Ebu Suud, Salebi gibi âlimler de hiçbir şey söylemeden nakletmişler. Siz şimdi bunlar uydurmadır diyorsunuz ama sadece kıvırmak için. İşinize gelmeyen her rivayete böyle yapıyorsunuz." diyebilirlerdi. Biz durumu açıklasaydık muhtemelen bunu da kabul etmemeye çalışırlardı. Oysa bu rivayetler tam da aynı şekilde Kur'an'ı övmekte ve bazı mucizeler iddia etmektedir. Hatıb Şirbini ve başka âlimler bunların uydurma olduğunu yazmışlardır. Mesela biz de 2020 yılında tefsirleri tanıttığımız videolarımızda her sure başında bu tefsirlerde surenin faziletine dair nakledilen bu rivayetlere uydurma denildiğinden bahsettik.[10] Bu, muhatabımızın yöntemimizin keyfî olmadığını anlaması açısından yeterli olmalı.

Eğer bu rivayetler gayrımüslimlerin işine yarar rivayetler olsaydı onları bunun uydurma olduğuna ikna etmek deveye hendek atlatmaktan zor olurdu. Peki ya burada sorun nedir?

1. Muhatabımızın hiçbir bilgisinin olmadığı konuda bizimle tartışmak istemesi.
2. Bilmediği bir konuda işine gelmeyen hiçbir açıklamayı kabul etmemek için inatçılık göstermesi.

Nihayetinde bu rivayetler onların deyişiyle bizim lehimizedir ve daha önce büyük âlimler kullanmış olmasına rağmen biz bunlara uydurma demekteyiz.

OLAY GERÇEKTE NEDİR?

Hem uydurma rivayetin hatalarını hem de uydurma rivayet üzerinden yazılan romanın saçmalığını göstermenin yollarından bir diğeri olayın aslını aktarmaktır. Zaten olayın aslı düzgün bir tarihî incelemeye tabi tutulunca pek çok absürt görüş kendiliğinden çürümüş olacaktır.

Ayeti tekrar hatırlatacak olursak:

وَاِذْ تَقُولُ لِلَّذٖٓى اَنْعَمَ اللّٰهُ عَلَيْهِ وَاَنْعَمْتَ عَلَيْهِ اَمْسِكْ عَلَيْكَ زَوْجَكَ وَاتَّقِ
اللّٰهَ وَتُخْفٖى فٖى نَفْسِكَ مَا اللّٰهُ مُبْدٖيهِ وَتَخْشَى النَّاسَۚ وَاللّٰهُ اَحَقُّ اَنْ تَخْشٰيهُۜ
فَلَمَّا قَضٰى زَيْدٌ مِنْهَا وَطَراً زَوَّجْنَاكَهَا لِكَيْ لَا يَكُونَ عَلَى الْمُؤْمِنٖينَ حَرَجٌ
فٖٓى اَزْوَاجِ اَدْعِيَٓائِهِمْ اِذَا قَضَوْا مِنْهُنَّ وَطَراًۜ وَكَانَ اَمْرُ اللّٰهِ مَفْعُولاً

10. https://www.youtube.com/watch?v=Hnp5dRj3tD8&t=1s

> "Allah'ın kendisine lütufta bulunduğu, senin de lütufkâr davrandığın kişiye, 'Eşinle evlilik bağını koru, Allah'tan kork.' demiştin. Bunu derken Allah'ın ileride açıklayacağı bir şeyi içinde saklıyordun; öncelikle çekinmen gereken Allah olduğu hâlde sen halktan çekiniyordun. Zeyd onunla evlenip ayrıldıktan sonra müminlere, evlatlıklarının -kendileriyle beraber olup ayrıldıkları- eşleriyle evlenmeleri hususunda bir sıkıntı gelmesin diye seni o kadınla evlendirdik. Allah'ın emri elbet yerine getirilecektir." (Ahzap, 33:37)

"Allah'ın kendisine lütufta bulunduğu, senin de lütufkâr davrandığın kişi" Zeyd'dir (r.a.). İlerde onun kim olduğunu daha detaylı anlatacağız.

Ayette Hz. Muhammed (a.s.) bu kişiye "Eşinle evlilik bağını koru ve Allah'tan kork" diyor. Belli ki bu kişi eşini boşama isteği ile Hz. Muhammed'e geliyor. Cahiller propaganda yaparken sanki Hz. Muhammed zorla Zeyd'i eşinden boşandırmış gibi anlatmaktalar. Oysa Zeyd direkt kendisi eşini boşamak istiyor ve Hz. Muhammed de boşamamasını salık veriyor. Bu, ayetin lafzından açıkça anlaşılıyor. Ayrıca bu ifade direkt Kur'an metninde geçtiği için Hz. Muhammed (a.s.) bunu söylemiş olmalı. Zira Hz. Muhammed (a.s.) bunu söylememiş olsaydı Zeyd Kur'an'da açıkça bir hata yakalamış olurdu. Oysa o bu dine samimiyet ile inanmış ve bu din için şehit olmuştur. O hâlde Hz. Muhammed'in bunu söylediği açıkça bilinir.

Bazen zihinlere şöyle bir vehim düşmektedir: "Belki lafız senin söylediğine delil olsun diye sonradan eklenmiştir?" Elbette bu öncelikle delilsiz olması yönünden anlam ifade etmez. Ayrıca bu bir tahrif iddiasıdır. Kur'an'ın tahrif edilmediğini *Peygamberliğin İspatı* isimli eserimizde 150 sayfaya yakın bir metinle hem aklen hem de yazma mushaflar üzerinden gösterdik. O delillerimizin çürütülmesi gerekmektedir. Son olarak ayetteki lafız bu söylediğimizi ispat etmek için sonradan Kur'an'a eklenmiş olsaydı bu lafzı ekleyenler şu an kullandığımız delalete işaret ederlerdi. Oysa ben 50'nin üzerinde tefsirden bu ayeti okumama rağmen benim kullandığım bağlamda delil olarak kullanana denk gelmedim.[11] Burada da ikincil delil oluşmuş olur.[12] Bu durum elbette Hz. Muhammed (a.s.) Zeynep ile evlenmek istiyordu ve bunu içinde gizliyordu masalını çürütmüş olacaktır.

"Bunu derken Allah'ın ileride açıklayacağı bir şeyi içinde saklıyordun." kısmının da anlamı anlaşılmış olmalı. Zeyd eşini boşamak istiyor. Hz. Muhammed (a.s.) ise eşini boşamamasını salık veriyor. Bunun üzerine Allah (c.c.), "Allah'ın açıklayacağı şeyi içinde saklıyordun." diyor. Allah (c.c.), Zeynep ile evleneceğini Hz. Muhammed'e bildirmişti. Hz. Muhammed (a.s.) ise bu durumun oluşturacağı toplumsal reaksiyondan çekiniyordu ve "Eşini boşama." diye Zeyd'e salık veriyordu. Tırnak içine aldığımız kısım buraya atıf yapmaktadır.

Burada toplumsal reaksiyondan çekinme konusu, işin esası surenin en başından itibaren gündemdedir.

Zeyd ile Zeynep'in Boşanmasını ve Zeynep ile Evlenmeyi Hz. Muhammed (a.s.) İstiyor muydu?

Ahzap suresi 37. ayetin içerisinde Hz. Muhammed'in, Zeyd'in Zeynep'i boşama isteğine "Allah'tan kork ve eşini tut." demesi böyle bir isteğinin olmaması açısından yeterli bir delildir. Bunun yanı sıra surenin bütününde Hz. Muhammed'in bu evlilik emrinden toplumsal yargılar sebebiyle çekindiğini görmek zor değildir. Zira surenin başından sonuna kadar Hz.

---

11. Elbette burada maksadımız övünmek değildir. Muhatap "bilerek uydurdular" diyorsa -haşa- uyduranın neden kullandığımız bağlamda delil olarak daha önce kullanılmadığını açıklaması gerekmektedir.
12. İkincil delil nedir? Bunu *Peygamberliğin İspatı* adlı kitabımızda uzunca anlattık.

Muhammed (a.s.) bu tip önyargılara aldırış etmemesi yönünde uyarılmaktadır.

Örneğin ilk 3 ayette:

يَٓا اَيُّهَا النَّبِيُّ اتَّقِ اللّٰهَ وَلَا تُطِعِ الْكَافِرِينَ وَالْمُنَافِقِينَۜ اِنَّ اللّٰهَ كَانَ عَلِيماً حَكِيماًۙ ۝

وَاتَّبِعْ مَا يُوحٰٓى اِلَيْكَ مِنْ رَبِّكَۜ اِنَّ اللّٰهَ كَانَ بِمَا تَعْمَلُونَ خَبِيراًۙ ۝

وَتَوَكَّلْ عَلَى اللّٰهِۜ وَكَفٰى بِاللّٰهِ وَكِيلاً ۝

> "Ey Peygamber! Allah'tan kork, kâfirlere ve münafıklara boyun eğme. Elbette Allah her şeyi bilmekte ve yerli yerince yapmaktadır." (Ahzap, 33:1)
> "Rabbinden sana vahyedilene uy. Şüphesiz Allah, bütün yaptıklarınızdan haberdardır." (Ahzap, 33:2)
> "Allah'a güven. Vekil olarak Allah yeter." (Ahzap, 33:3)

İlk ayet direkt Hz. Muhammed'e hitapla "Ey peygamber Allah'tan kork (Allah'a karşı takvalı ol)." şeklinde ilginç bir girişle başlıyor. Devamında "Kâfirlere ve münafıklara boyun eğme, Rabbinden sana vahyedilene uy." demektedir. Buradan açıkça anlaşılan Hz. Muhammed (a.s.) emredilen evliliğin toplumda yaratacağı reaksiyondan ve kafirlerle münafıkların yapacağı nümayişten çekiniyordu. Bu yüzden Zeyd eşini boşamak istediğinde ona "Eşini tut, Allah'tan kork." demişti. Zira Allahıualem Zeyd eşini boşamadıkça bu evlilik olmayacaktı. Bu çekincesi sebebiyle " Ey Peygamber! Allah'tan kork, kâfirlere ve münafıklara boyun eğme." ifadesi ile calib-i dikkat bir uyarıya muhatap oluyordu.

Devamında, "Elbette Allah her şeyi bilmekte (*Âlim*) ve yerli yerince yapmaktadır (*Hakîm*)." ifadesi ise Hz. Muhammed'de çekince oluşturan bu emirde Allah'ın takdir ettiği hikmetler olduğuna işaret edilmektedir. Bu ilim ve hikmete istinaden "Rabbinden sana vahyedilene uy." denilmekte, "Allah'a güven (tevekkül et)." vurgusu ise elbette bu emir uygulandığında oluşacak toplumsal nümayişe yönelik bir rahatlatmadır.

Bunu surenin genelinde görmek de mümkündür. Örneğin surenin 7-11. ayetlerini inceleyecek olursak:

وَاِذْ اَخَذْنَا مِنَ النَّبِيّٖنَ مِيثَاقَهُمْ وَمِنْكَ وَمِنْ نُوحٍ وَاِبْرٰهٖيمَ وَمُوسٰى
وَعٖيسَى ابْنِ مَرْيَمَۖ وَاَخَذْنَا مِنْهُمْ مٖيثَاقاً غَلٖيظاًۙ ۝
لِيَسْـَٔلَ الصَّادِقٖينَ عَنْ صِدْقِهِمْۚ وَاَعَدَّ لِلْكَافِرٖينَ عَذَاباً اَلٖيماً۟ ۝

"Hani biz peygamberlerden söz almıştık: Senden, Nuh'tan, İbrahim'den, Musa'dan ve Meryem oğlu İsa'dan da. (Evet) biz onlardan pek sağlam bir söz aldık." (Ahzap, 33:7)
"Allah bu sözü, doğruları doğruluklarıyla sorumlu kılmak için aldı. Kâfirler için de çok acıklı bir azap hazırladı."(Ahzap, 33:8)

7 ve 8. ayetlerde Allah, Hz. Muhammed'e yaşayacağı zorluğu ve sıkıntıyı yalnız kendisinin değil ondan önceki peygamberlerin de yaşadığını söylüyor ve tüm bu zorlukları neden yaşattığını açıklıyor. Zira onlar da toplumun hatalı genel kabulleriyle mücadele etmek ve bunun için bedel ödemek zorunda kalmışlardır.

يَٓا اَيُّهَا الَّذٖينَ اٰمَنُوا اذْكُرُوا نِعْمَةَ اللّٰهِ عَلَيْكُمْ اِذْ جَٓاءَتْكُمْ جُنُودٌ فَاَرْسَلْنَا
عَلَيْهِمْ رٖيحاً وَجُنُوداً لَمْ تَرَوْهَاۜ وَكَانَ اللّٰهُ بِمَا تَعْمَلُونَ بَصٖيراًۚ ۝
اِذْ جَٓاؤُ۫كُمْ مِنْ فَوْقِكُمْ وَمِنْ اَسْفَلَ مِنْكُمْ وَاِذْ زَاغَتِ الْاَبْصَارُ وَبَلَغَتِ
الْقُلُوبُ الْحَنَاجِرَ وَتَظُنُّونَ بِاللّٰهِ الظُّنُونَا ۝
هُنَالِكَ ابْتُلِيَ الْمُؤْمِنُونَ وَزُلْزِلُوا زِلْزَالاً شَدٖيداً ۝

"Ey iman edenler! Allah'ın size olan nimetini hatırlayın; hani size ordular saldırmıştı da, biz onlara karşı bir rüzgâr ve sizin görmediğiniz ordular göndermiştik. Allah ne yaptığınızı çok iyi görmekteydi." (Ahzap, 33:9)
"Onlar hem yukarınızdan hem aşağı tarafınızdan (vadinin üstünden ve alt yanından) üzerinize yürüdükleri zaman; gözler yıldığı, yürekler gırtlağa geldiği ve siz Allah hakkında türlü türlü şeyler düşündüğünüz zaman;" (Ahzap, 33:10)
"İşte orada iman sahipleri imtihandan geçirilmiş ve şiddetli bir sarsıntıya uğratılmışlardı." (Ahzap, 9-11)

Bu ayetlerde de yine imtihan, imtihana sabretme vurguları ön plandadır.

Gördüğünüz üzere neredeyse tüm sure boyunca Allah (c.c.), Efendimiz'in psikolojisini ona emredeceği görev için hazırlıyor.

Tüm bu anlatı (siyak ve sibak) Ahzap suresi 37. ayetteki "Eşini tut ve Allah'tan kork." vurgusuyla beraber düşünülünce berraklaşmaktadır.

Yine bu konuda Kur'an dışında hadisler de açıktır.

Hz. Aişe, Hz. Ömer, Abdullah ibni Mesud ve Hasan Basri bu yüzden "Hz. Muhammed (a.s.) Kur'an'dan bir parçayı gizleyecek olsaydı bu ayetleri gizlerdi." dediler. Elmalılı konu hakkında "Hz. Muhammed (a.s.) lakırdısını dahi etmek istemeyeceği bir şeyi (Allah emrettigi için) uygulamak zorunda kaldı." demiştir.

Aslında Hz. Muhammed'in çekindiği propaganda dalgası bugün yapılandan daha güçlüydü. Zira dönem gayrımüslimleri "Muhammed oğlunun karısı ile evlendi." diyeceklerdi. Bugünküler gibi "Muhammed evlatlığının karısı ile evlendi." demeyeceklerdi. Bugünküler "oğlu" demiyorsa o bu evlilik sayesindedir. Zira evlatlığın öz oğul olması algısını kıran şey bu evlilikti.

Bu evlilik olmadan ve toplumsal bir değer yargısını yıkmadan önce bu algı o toplumda yerleşikti. Bugün itiraz edenler gayrımüslim olsalar dahi düşünme biçimleri İslam tarafından yoğurulmuştur; bu sebeple "Oğlunun karısı ile evlendi." demek yerine "Evlatlığının karısı ile evlendi." derler. Zira onların algısında da oğul=evlatlık değildir.

Bu açıdan burada bir samimiyet delili[13] vardır. Hz. Muhammed'in iradesinden farklı bir irade onu istemediği bir şeyi yapmaya zorlamaktadır. Ayrıca onun çekincelerini gidermekte ve teskin etmektedir. Burada iki irade olduğu açıkça anlaşılmaktadır. Birisi onu evlenmeye zorlayan Yüce Allah'ın iradesi, diğeri ise bu duruma dair çekinceleri olan Hz. Muhammed'in iradesi. Bu hâliyle Hz. Muhammed'in -haşa- kendi yazdığı bir kitapta kendisini istemediği bir şeye zorlamayacağı açıktır.

OLAYIN KAHRAMANLARI

Hz. Zeyd (r.a.)

Zeyd (r.a.) ve Zeynep (r.a.) kimdir? Evlilikleri nasıl bir evliliktir? Bu iki sorunun cevabı konunun daha net anlaşılması açısından önemli olacaktır.

Zeyd, Cahiliye döneminde bir baskında esir düşmüş ve köleleştirilmişti. Hz. Hatice tarafından Hz. Muhammed'e peygamberlik öncesinde hediye edilmişti. Kaynaklarda ittifakla anlatıldığına göre babası daha sonra Zeyd'i bulmuş ve ücreti mukabilinde onu azat etmesi için Hz. Muhammed'e ricacı olmuştu. Hz. Muhammed (a.s.) hiçbir ücret istemeyerek Zeyd'e is-

---

13. Daha detaylı anlatım için *Peygamberliğin İspatı* isimli eserime başvurulabilir.

terse gidebileceğini söylemiş ve Zeyd'i muhayyer bırakmıştı. Karar verme hakkı kendisine tanınan Zeyd'in "Ben bu adamın yanında öyle güzel şeyler gördüm ki onun yanından ayrılmak istemiyorum." mealinde konuşması, babasının yanında özgür olarak yaşamak yerine Hz. Muhammed'in yanında köle olarak kalmayı tercih etmesi üzerine Hz. Muhammed (a.s.) onu azat etmiş ve evlat edinmişti. Zeyd, Hz. Muhammed'den sadece 10 yaş küçüktü.

Zeyd, Hz. Muhammed'e ilk inananlardan birisi olmuştur. Her sıkıntılı anda Hz. Muhammed'in en yakınındaki kişilerdendir. Taif'te tüm dünyanın Muhammed Mustafa'sı (s.a.v)[14] taşlanırken kendi bedenini ona siper etmeye çalışan sahabi Hz. Zeyd'dir. O Zeyd ki ordu komutanıdır. Mute savaşında Hz. Muhammed (a.s.) için canını vermiştir. Hz. Muhammed (a.s.) onun vefatını ağlayarak sahabilerine duyurmuştur.

Bugün bazı kişiler İslam ordularının komutanı olan Zeyd'i (r.a.) pısırık bir insan zannediyor ve onun haklarını Hz. Muhammed'e karşı koruduklarını zannediyorlar. Güya ömrünün sonuna kadar Hz. Muhammed'in yanında kalan, onun davası için canını veren Hz. Zeyd'e haksızlık edildiğini iddia ederek bu dinden çıktıklarını söylüyorlar. Zeyd (r.a.) onların bu hâlini bilseydi ne düşünürdü acaba?

Hz. Muhammed (a.s.) Zeyd'in oğlu olan Usame'yi henüz 18 yaşında iken, içerisinde Hz. Ömer'in olduğu orduya komutan tayin etmiştir. O dönemde soya önem verilmesi sebebiyle azatlı köle olan Zeyd ve bir azatlı kölenin oğlu olan Usame'nin komutan olmasını pek çok kimse ilk başta itirazla karşılamış-

---

14. Kelime anlamı ile Muhammed ismi "övülen", Mustafa ismi ise "seçilmiş olan" demektir.

tır. Bir hadiste Hz. Muhammed (a.s.) itirazlara, "Ey ashabım! Üsame'nin babası Zeyd benim yanımda nasıl en sevgili ve kumandanlığa layıksa Üsame de komutanlığa öyle layıktır. Benim yanımda da insanların en sevgililerindendir." demiştir. Hatta Hz. Ömer'in Usame'yi görünce, "Selam sana ey emir. Resulullah vefat ettiğinde sen bizim emirimizdin!" diye iltifat ederdi.

Hz Ömer hilafeti döneminde, Zeyd'in oğluna kendi oğlundan çok daha fazla maaş bağlar. Hz. Ömer'in öz oğlu olan Abdullah b Ömer, Hz.Ömer'e mealen " Zeyd'in oğluna neden benden fazla maaş bağlıyorsun?" diye sorar. Sonuçta birisi halife oğluyken diğeri insanların pek çoğunun nezdinde azatlı bir kölenin oğlu hükmünde görülüyor. Hz Ömer oğluna "Üsame, Resûlullah'a senden ve babası Zeyd de senin babandan daha sevgilidir." buyurur.[15] Yani peygamberin en yakınındaki kişiler Hz. Muhammed'in Zeyd'e verdiği önemin öylesine farkındadırlar ki hem Efendimiz hem de Zeyd şehit olduktan sonra dahi Hz. Muhammed'in ona verdiği kıymeti ve değeri unutmazlar.

Burada Ahzap suresi 37. ayetin nazil olmasından sonra Zeyd (r.a.) Hz. Muhammed'in (a.s.) devam eden ilişkisinin niteliği pek çok konuyu oldukça netleştirmiş olmalıdır. Bu durum, kurgulanan masalların büyük bir kısmının saçma olduğunu göstermeye kâfi gelecektir.

---

15. Böyle bir şeyin dünya tarihinde mislini bulabilmek imkânsızdır. Hamd böyle insanlar yaratan Yüce Allah'a, salat ve selam bu insanlara hidayeti öğreten Hz. Muhammed'edir (a.s.). Böyle insanlar yetiştiren Hz. Muhammed'i böylesi rezil iftiralardan korumak için yazı yazmak bile beni üzmektedir. Kaşıkçı elmasının çamur olmadığını anlatmak bile yazarına kaşıkçı elmasının değerini düşürdüğü hissi verir. Dünya ve içindekiler sana feda olsun ey Allah'ın temiz peygamberi.

Hz. Zeynep (r.a.)

Şimdi Hz. Zeynep'in (r.a.) kim olduğunu anlatmaya çalışalım:

Hz. Zeynep, Hz. Muhammed'in halasının kızıdır. Mekke'nin en soylu görülen ailelerinden birine mensuptur. Hz. Muhammed (a.s.) o dönemde evlatlığın gerçek evlat gibi kabul edilmesi nedeniyle Zeyd'in babası olarak kabul edildiği için Zeyd ve Zeynep'in evlenmesinde bizzat kendisi dünürcü olmuştur.

Zeynep soyca çok yüksek görüldüğü ve Zeyd ise azatlı bir köle olduğu için hem Zeynep (ra.) hem de onun ailesi Zeynep ile Zeyd'in evliliğine sıcak bakmamıştır. Hatta Hz. Muhammed (a.s.) dünürcü olduğunda, Zeynep'i kendisi için isteyeceğini düşünerek sevindikleri ancak Zeyd için isteyince bundan rahatsızlık duydukları nakledilmiştir. Hz. Muhammed (a.s.), Zeyd ile Zeynep arasında bu evliliği gerçekleştirerek soyun üstünlüğü algısını kırmak istemiştir.

İncelediğimiz ayetin bir öncesindeki ayet olan Ahzap suresi 36. ayetin tefsirlerinde bu evliliğin tesis edilmesiyle ilgili olarak Zeynep'in ve yakınlarının bu evliliği, Zeynep'in soyca üstün olduğunu düşünmeleri sebebiyle istemediği belirtilir. Bu durum üzerine nazil olan ayet şudur:

"Allah ve resulü bir işe hüküm verdiği zaman, inanmış bir erkek ve kadına o işi kendi isteklerine göre seçme hakkı yoktur. Her kim Allah ve resulüne karşı gelirse, apaçık bir sapıklığa düşmüş olur." (Ahzap, 33:36)

En eski müfessirlerden olan sahabe ve tabiun müfessirlerinden Katade, İbni Abbas ve Mücahid'den nakledildiğine göre Zeynep'in ailesi ilk başta Hz. Muhammed'in Zeynep'e talip olduğunu sanmışlardı ve esas talibin Zeyd olduğunu öğrendiklerinde bu evliliği istememişlerdi. Yani Hz. Muhammed (a.s.)

isteseydi o zaman Zeynep'le kendisi rahatça evlenebilirdi, zaten Zeynep'in ailesinin beklentisi de buydu. Lakin Hz. Muhammed'in böyle bir isteği yoktu, onun istediği şey soy üstünlüğü kavramını yok etmekti. Bu yönden Zeyd ve Zeynep'in evlenmesi oldukça uygundu.

HZ. MUHAMMED'İN HZ. ZEYNEP'LE EVLİLİĞİ NEYE YARADI VE NEDEN KUR'AN'DA YER ALIYOR?

İnsanlar burada bazen "E bize ne kimin kimle evlendiğinden? Evrensel bir kitapta bunların ne işi var? Koskoca Tanrı neden bunlarla uğraşsın?" vb. itirazlar etmektedir. Dünyadaki hiçbir olay sadece olaydan ibaret değildir. Olayların arkasında fikirler, gayeler yatar. Konu böylesi toplumsal bir kitap olan Kur'an'da geçiyorsa elbette sosyoloji vs. de işin içine dâhil olacaktır. Muhatap sadece olaya odaklanıp ardını görmezden geldiğinde Kur'an'daki durumu değil kendi algısını tenkit masasına yatırmış olur. Kur'an sığ bir kitap olmaz, bakış sığ bir bakış olur. Biz burada sadece birkaç tane hikmeti saymakla yetineceğiz:

1-Soyun Üstünlüğü Algısı

Hz. Muhammed'in, Zeyd ile Zeynep'in evlenmesini sağlamasının soyun üstünlüğü algısına sözü aşan fiille vurulmuş bir darbe olduğundan az önce bahsettik.

Soy üstünlüğü algısını yıkmak için yapılan evlilikler sadece Zeyd'in Zeynep'le ve Hz. Muhammed'in Zeynep'le yaptığı evlilikler değildir. Mikdad bin Esved, azatlı bir köle olmasına rağmen Zübeyir'in kızıyla evlendirilmiştir. Salim'i, efendisi

Ebu Huzeyfe azat etmiş ve onu Utbe'nin kızıyla evlendirmiştir. Utbe soyludur. Bilal (r.a.) ise azatlı köle olmasına rağmen Abdullah bin Avf'ın kızıyla evlendirilmiştir.

Hz. Muhammed (a.s.) ile Zeynep'in (r.a.) evliliği de aynı amaca matuftur.

Kitleler önderlerin sözlerinden etkilendiklerinden daha fazla fiillerinden etkilenirler. Bu yüzden örneğin belediye başkanları suyun pis olduğuna dair söylentiler çıktığı dönemlerde "sular temiz" demekle yetinmez nereden geldiği belli olmayan bir bardak suyu içerler. Çünkü böylesi fiiller toplumların imgelem dünyasında daha fazla yer eder.

Hz. Muhammed (a.s.) pek çok toplumsal problemi düzeltirken ya kendisi ya yakın akrabaları üzerinden fiilen örneklik yapardı. Örneğin Veda Hutbesi'nde "İlk kaldırdığım faiz, amcam Abbas'ın faizidir." demiştir. Keza ilk kaldırdığı kan davası yine kendi nesebine dayanan bir kan davasıdır. Burada da soyların üstünlüğü tabusunu kırmak için topluma karşı "Soylar birbirine üstün değildir." dedikten sonra hem kendisinin hem de yakınlarının evlilikleri ile bu algı ile fiilen mücadele etmiştir.

Cahiliye Araplarında evlatlık öz oğul sayılıyordu. Bu, suistimale oldukça açık bir durumdaydı. Örneğin başarılı bir delikanlı güçlü bir soy grubu tarafından evlat ediniliyordu. Yaşı da önemli değildi. Bu ticari bir anlaşma gibi kişinin kendi babasını değiştirmesi anlamına gelmekteydi. Elbette soyunu değiştiren kişinin zihin altında yatan şey yeni geçtiği soyun kendi soyundan daha iyi olduğu, kendi soyunun değersiz ve kıymetsiz olduğu algısıydı. Haricen onun soy değiştirmesinin geçtiği soyu daha da yücelteceği bekleniyordu. Bu soylar arasındaki yarışın sürekli devamı anlamına geliyordu. Soylar arasındaki bu geçişler bugün futbol takımlarının transferleri gibi saçma bir hâl alıyordu.

Bu durum sözle pek çok şekilde kınanmıştır. Mesela Ebu Davud'da nakledilen hadiste, "Kim gerçekte babası olmayan bir kimsenin babası olduğunu iddia ederse kıyamete kadar Allah'ın laneti onun üzerinedir." denilmiştir.

Ancak evlatlığın soy değiştirme anlamına gelmediğine dair esas vurgu bu ayetle ortaya konulmuştur. Sözlü uyarı toplumların imgelem dünyasını değiştirmekte çoğu zaman yeterli olmaz. İnsanlar evlatlığı oğul olmak bakımından soy değiştirmek gibi algılıyorsa artık imgelemlerini değiştirmek gerçekten radikal bir uygulamadan başka bir şeyle mümkün olmaz. Bu durum o toplum algısında öylesine kökleşmişti ki Hz. Muhammed'in çekincesini daha önce aktarmıştık.

Hz. Muhammed'in soy üstünlüğü algısını kırabilmek adına yaptığı bu hamleye rağmen soyun üstünlüğü algısı öylesine güçlü bir yapı arz ediyordu ki sonradan tekrar tekrar hortlamaya çalışmıştır. Hz. Muhammed'in (a.s.) vefatından sonra dahi fıkıh mezhepleri içerisinde evlenecek kişilerin birbirlerine soyca denk olması gerektiğini iddia edenler oldu. Ancak nihayetinde gelinen noktaya bakıldığında Hz. Muhammed'in en azılı düşmanları bile bugün bu olayı "Oğlunun karısı ile evlendi." diyerek kullanmak yerine "Evlatlığının karısı ile evlendi." şeklinde ifade ediliyorsa başarılan işin büyüklüğü azımsanacak bir şey değildir. Zira şu an onun düşmanları nefretle onu itham ederken dahi "oğlu" demek yerine "evlatlığı" diyorsa burada toplumun imgelemi değiştirilmiş demektir.

Montgomery Watt'dan Benzer Bir Yorum

Oryantalist Montgomery Watt İslam öncesi dönemde evlat edinme uygulaması hakkında: "Muhtemelen bir kişi bir ailedeki ana konumundaki kadınla evlendiği zaman otomatik olarak onunla beraber yaşayan oğulların, kızların, oğul ve kız kabul edilen kişilerin babası oluyordu…" diyor. İlgili ayeti aktardıktan sonra, "Bunlar bir kadının çocuklarının fiziki babasının bilindiği ancak sosyal amaçlarla kadının yeni kocasının onların babası kabul edildiği nosyona işaret ediyor olabilir. / Evlat edinen oğulun eski karısıyla evlenmesine izin verilmesinin sırf Hz. Muhammed'in Zeynep'le evlenmek istemesi yüzünden söz konusu edildiği sıkça iddia edilmiştir. Bu suçlama haksız bir çıkarımdır. Fiziki akrabalıkta ısrar edilen yegâne olay bu değildir. Bir bölümü iktibas edilen ayette zıhar uygulaması onu gerçekten annesi yapmadığı gerekçesiyle kınanmıştır. Bununla birlikte annesiyle evliliğin tekemmül etmemiş olduğu üvey kızlarla evlenmeye izin veren kural daha aydınlatıcıdır. Bireyin üzerinde engeller oluşturan yalancı akrabalıklara genel bir saldırı olduğu anlaşılmaktadır."[16]

2-Miras Konusu

Evlatlık müessesesi miras mevzuunda da toplumsal huzursuzluk yaratıyordu. Aileye sonradan dâhil olan yetişkin birisi bile öz evlat hükmünde olduğu için mirastan diğerleriyle aynı derecede hak sahibi oluyordu. Bu durum pek çok ailede kardeşler arasındaki ilişkinin parçalanmasına ve birbirlerine düşmanlık gütmesine sebebiyet veriyordu. Dolayısıyla evlatlık müessesesini tashih eden bu evlilikle bu kısmi haksızlık da giderilmiştir.

---

16. Montgomery Watt, *Muhammed Medine'de*, s. 336.

3-Son Peygamber

"Muhammed, sizin erkeklerinizden hiçbirinin babası değildir. Fakat o, Allah'ın resulü ve peygamberlerin sonuncusudur. Allah her şeyi hakkıyla bilendir." (Ahzap, 33:40)

Evlatlık müessesesi eğer devam etseydi Hz. Muhammed'in öz oğlu sayılacaktı. Bundan dolayı Allah, evlatlığın öz oğul sayılmasını 37. ayette nefyettikten sonra bu ayette Hz. Muhammed'in hiçbir erkeğin babası olmadığını söylüyor.

Elbette Hz. Muhammed'in bir öz oğlu olduğu düşünülseydi bu siyasi arenada oldukça güçlü bir şekilde kullanılabilirdi. Zeyd (r.a.), Hz. Muhammed'den (a.s.) önce vefat etmiş olsa dahi oğlu Usame b. Zeyd hayattaydı. Burada en bariz örnek Hz. Ali'nin durumudur. Hz. Muhammed'in damadı ve amcazadesi olması hasebiyle onun bu durumu üzerinden oluşan siyasi fırkalaşma bilinmektedir. Bu sadece siyasi olmakla kalmamış teolojik boyutlara da taşınmıştır. Doğrudan Hz. Muhammed'in soyundan bir erkek çocuğu olsaydı aynı durumun çok daha güçlü bir şekilde evladı üzerinden yürüyeceğini tahmin etmek güç değildir. Ve insanlar anlattığımız üzere evlatlığı bu ayetten önce öz oğul olarak algılıyordu.

Ahzap suresi 37. ayette ortaya konulan bu gerçek 40. ayette "Muhammed erkeklerinizden hiçbirinin babası değildir." denilmesini sağlamıştır.

4-Felsefi Maksat Ne Olabilir?

Son kısımda biraz daha derin bir düzlemde surenin amacının esasen ne olduğu hakkında konuşacağız. Elbette burada ifade ettiğimiz şeyler kesinlik iddiasında olmayacak. Ancak ben gerçekten böyle olduğuna inanmaktayım.

Naçizane kanaatim bu sure insanların kendi taktıkları isimlerin hakikati var ettiğini, zanlarının hakikat olduğunu vehmetmelerini çürütmektedir.

İnsanlar olaylara, fiillere, durumlara ve her şeye isimler verirler. Daha sonra bu isimlerin gerçeklik ifade ettiğini zannederler. Piaget, *Çocuğun Gözüyle Dünya* ismiyle çevrilen eserinde belli bir yaş öncesinde çocukların isimlerin gerçeklikler zannettiğine dair çokça veri toplanmıştır. Bu deneylerde çocuklara "Güneşin ismine ay desek olur mu?" diye sorulduğunda belli yaş aralığındaki çocuklar "Olmaz." demekte diretiyordu. Neden diye sorulduğunda "Çünkü o güneş." Benzeri cevaplarla ismin taşınamaz, nesne ile bitişik ve nesnenin hakikatini ifade eden bir şey olduğuna inanıyorlardı. "İsim değişiyorsa hakikatin de değişmesi gerekir, bu yüzden güneşe ay denilemez." biçiminde bir düşünceye haiz oldukları anlaşılıyor.

Aslında erişkin insanlar da bu durumdan çok uzak değildir. Elbette onların isimlendirmeler üzerine kurdukları inançları bu kadar basit değildir. Ancak genel olarak erişkinler de maalesef isimleri olay ve nesnelerin hakikati zannetmekte ısrarcıdır.

Bahsettiğimiz üzere o toplumdaki kimseler için evlatlık, öz evlat demekti. Lakin bu yalnızca evlatlık kavramına o toplumun yüklediği bir isimlendirmeden ibaretti. O toplumda yaşayan insanlar bir sözle aslında kendi soylarından olmayan birini kendi soylarına dâhil ettiklerini zannediyorlardı. Dikkat edersek bir isim takmak (nominalizm) ile ontolojik bir gerçeklik oluşturduklarını zannediyorlardı. Alakasız birine "Sen benim oğlumsun." demekle, o insanı kendi öz oğulları yapabildiklerini düşünüyorlardı. Bu durum yalnızca o toplumun kendi uydurdukları bir geleneğe ve isimlendirmeye inanmalarından ibaretti.

Kur'an'da şöyle buyuruluyor:

مَا جَعَلَ اللّٰهُ لِرَجُلٍ مِنْ قَلْبَيْنِ فِى جَوْفِهٖۚ وَمَا جَعَلَ اَزْوَاجَكُمُ الّٰٓئ۪ي
تُظَاهِرُونَ مِنْهُنَّ اُمَّهَاتِكُمْۚ وَمَا جَعَلَ اَدْعِيَٓاءَكُمْ اَبْنَٓاءَكُمْۜ ذٰلِكُمْ قَوْلُكُمْ
بِاَفْوَاهِكُمْۜ وَاللّٰهُ يَقُولُ الْحَقَّ وَهُوَ يَهْدِى السَّب۪يلَ ۝

"Allah, bir adamın içinde iki kalp yaratmadığı gibi, 'zıhâr' yaptığınız eşlerinizi de analarınız yerinde tutmadı ve evlatlıklarınızı da öz oğullarınız olarak tanımadı. Bunlar sizin ağızlarınızdaki sözlerden ibarettir. Allah ise gerçeği söyler ve doğru yola O eriştirir." (Ahzap, 33:4)

Allah ayette "Evlatlıklarınızı da öz oğullarınız olarak tanımadı." ibaresiyle tüm toplum gelip bir olguya isim takmakta hemfikir olsa dahi eğer bu durumun hakikati ile uyumlu değilse bir kıymet ifade etmeyeceğini söylüyor. Ve onların kendilerince koydukları tüm bu isimlere karşın güçlü bir manifesto ile "Bunlar sizin ağızlarınızdaki sözlerden ibarettir." deniliyor.

Bu konuya başka bir örnek olarak hem Ahzap suresi 4. ayette hem de Mücadele suresi 2. ayette geçen "zıhar" mevzuunu örnek verelim.

اَلَّذ۪ينَ يُظَاهِرُونَ مِنْكُمْ مِنْ نِسَٓائِهِمْ مَا هُنَّ اُمَّهَاتِهِمْۜ اِنْ اُمَّهَاتُهُمْ اِلَّا الّٰٓئ۪ي
وَلَدْنَهُمْۜ وَاِنَّهُمْ لَيَقُولُونَ مُنْكَرًا مِنَ الْقَوْلِ وَزُورًاۜ وَاِنَّ اللّٰهَ لَعَفُوٌّ غَفُورٌ ۝

"İçinizden zıhar yapanların kadınları, onların anaları değildir. Onların anaları ancak kendilerini doğuran kadınlardır. Şüphesiz onlar çirkin bir laf ve yalan söylüyorlar. Kuşkusuz Allah affedicidir, bağışlayıcıdır." (Mücadele, 58:2)

Zıhar: Kocanın, kendisine haram kılmak maksadıyla karısını veya karısının baş, yüz, sırt gibi bütünü ifade eden bir bölümünü evlenmesi dinen yasak olan yakını (mahrem) bir kadına benzetmesidir. İfadeye bürününce kişinin karısına "Senin sırtın bana artık anamın sırtı gibidir." şeklinde söylemesiyle oluyordu.

O toplumda yaşayan kimseler karılarından zıhar yoluyla boşandıklarında artık o kadınlarla geri evlenmelerini mümkün görmüyorlardı çünkü zıhar yaparak boşandıkları kadınları kendilerinin anaları gibi (evlenilmesi yasak) görüyorlardı. Tekrar eşine dönenin annesiyle ilişki kurmuş gibi olacağına inanıyorlardı. Ayette ise Allah, onların boşadıkları kadınları anneleri olarak isimlendirmelerinin kendi uydurdukları bir sözden ibaret olduğunu ve bu isimlendirmelerinin hakikat tesis etmeye yeterli olmayacağını ifade ediyor.

İnsanların kendilerince bir delil olmaksızın ortaya koydukları bu olgular için Allah "laf/söz" (kavl) tabirini kullanıyor. Yani o toplumun gerçek zannettikleri şeyin yalnızca onların ağızlarından çıkan bir laf olduğunu söylüyor. Kur'an neredeyse tamamen benzeri bir ifadeyi putlar için kullanmaktadır:

اِنْ هِىَ اِلَّٓا اَسْمَٓاءٌ سَمَّيْتُمُوهَٓا اَنْتُمْ وَاٰبَٓاؤُ۬كُمْ مَٓا اَنْزَلَ اللّٰهُ بِهَا مِنْ سُلْطَانٍۜ
اِنْ يَتَّبِعُونَ اِلَّا الظَّنَّ وَمَا تَهْوَى الْاَنْفُسُۚ وَلَقَدْ جَٓاءَهُمْ مِنْ رَبِّهِمُ الْهُدٰىۜ

"Bunlar (putlar), sizin ve atalarınızın taktığı isimlerden başka bir şey değildir. Allah onlar hakkında hiçbir delil indirmemiştir. Onlar ancak zanna ve nefislerinin arzusuna uyuyorlar. Hâlbuki kendilerine Rableri tarafından yol gösterici gelmiştir." (Necm, 53:23)

Necm suresinde Allah, putların (putların sıfatları ve yüceliğinin) o toplumdakiler ve onların ataları tarafından takılmış isimlerden ibaret olduğunu söylüyor. Devamında ise Allah'ın onlar hakkında delil indirmediğinden bahsediyor. Yani o toplumda yaşayanlar hiçbir delil olmaksızın putlara isim takmışlar ve bu isimlendirme tüm topluma yayılınca putların yüceliği ve önemi o toplumun gerçekliğine dönüşmüş. Bu ayetlerde Allah işte bu sahte gerçeklik algısını yıkmaktadır. Allahualem.

İsimlendirme yalnız o toplumda yahut 21. yüzyılda değil tarihin her devrinde ve her millette çok önemli bir mefhumdur. Örneğin hem Babilliler hem de Mısırlılar için bir nesnenin ya da insanın isminin onun temel doğasıyla uyumlu olması gerekir. Ayrıca iyi bir isim onu taşıyanı iyi bir insan yapardı.

Bu Kur'an'ın inşa ettiği zihin dünyası açısından oldukça önemli bir durumdur.

İnsanların kullandığı -dır/-dir'li cümlelerin çoğu isimlendirme ve tanımlamadır. Bu cümlelerin altı genelde boştur ve ispatlanamaz, yalnız isimlendirilir.

Her çağın putlarını oluşturan şey altının dolu ya da boş olmasına aldırılmaksızın geçerli sayılan isimlendirmelerdir. Örnek verecek olursak Freud'un kuramının tarihi hakkında 3.000 sayfaya yakın eserin incelemesini içeren 20 saati bulan bir video serisi çektim. 1980'den beri sahada tamamen terk edilmiş olan bu kuramı belki 100 yıldır yapıldığı şekilde bilimsel yönteme uymamak gibi yönlerden tenkit ettim. Gelen tepkiler oldukça basitti "Freud büyük bir adamdır." Bakınız bu sadece bir isimlendirmeydi. Aslında bu cümlenin aslı şudur: "Freud büyük bir adam diyorlar öyle duydum." Zira tenkit edenlerin neredeyse hiçbirisi Freud'u tanımıyordu. En fazla bileni belki 300-500 sayfalık anlamadığı eserleri kutsal bir metin okuma huşusu ile okumuştu. Ancak bu yaptıkları okuma, isimlendirme dolayısıyla analitik bir yapıyı haiz değildi. İsimlendirme olmasaydı ve Freud'un ismi X olsaydı, o videolarda anlattıklarımızı insanlar dinlemeye ve anlamaya çalışırdı. Oysa ilk reaksiyonda gördükleri şey büyük ve saygı duydukları bir isme saldıran birisiydi. İnsanlar genellikle böyle durumlarda dinleme ihtiyacı hissetmeden ismi savunurlar. Aslında bu tavır benim nazarımda pagan reflekslerden çok da farklı değil. İsimlendirmeye gerçeklik atfedilmesi naçizane kanaatime göre analitik düşünme kabiliyetini yok etmektedir. Bu hastalığa müptela olmuş kişiyi övülenler ve övülmeyenler dünyası içinde bir hayata hapseder. Övgüyü belirleyen böylesinin dünyasını belirlemiş olur. Düşünce tarihi böyle garabetlerle doludur. Bir kişi ciddiye alındıysa ve önemli bir isimlendirmeye ulaştıysa en saçmaladığı noktalarda bile hikmet aranır. Adı karalandı ise her sözünde bir sıkıntı aranır. Mesela Gazali'nin adı böyle bir yaygın propagandaya maruz kalmıştır.

İnsanlar isimlendirmelerden büyülenmeyi bırakamadıkları sürece ne okurlarsa okusunlar koyunlar gibi isimlerin peşinden koşarlar. Unvanı belirleyen böylelerinin fikirlerini de belirlemiş olur. Eleştirel okuma melekesini asla geliştiremezler. Çok okusalar dahi öğrenemezler. Başkalarına fikrî köle olmaktan kurtulamazlar.

Kur'an zıhar hususunda da evlatlık mefhumunda da bu isimlendirmeyi, toplumun tamamı onu gerçeklik olarak kabul etse dahi doğru olmadığını söylüyor. Şu durumda ben bu ayetten ilhamını alan bir Müslüman olarak şöyle düşünürüm: Hangi isimlendirme olursa olsun ben bu isimlendirmenin delilini incelemedikçe bütün toplum, bütün yeryüzü kabul ediyor olsa bile ben bunun delilini ister, delil yoksa itiraz ederim. Kur'an'ın bana sağladığı bu bakış açısı inanılmaz bir epistemolojik yıkım ve yapımdır.

Yıkımdır. Zira koyun gibi güdülmeyi sağlayan isimden büyülenmeyi yıkar. Yapımdır. Çünkü o boşluğun yerine konulacak tek şey delildir.

Naçizane Kur'an üslubundan anladığım o ki: Kur'an'da bir sure içerisinde bir konuyu anlatırken öncelikle farklı tekil örnekler verilir. Ve ardından bir kritik cümleyle çok geniş bir şekilde bütün olguları toplayıp eline alır. Eğer tekil örnekler arasındaki bağıntılara dikkat etmezseniz burayı ıskalamanız muhtemeldir.[17] Bu surede isimlendirme mefhumuna dair kritik cümlenin Ahzap suresi 4. ayette "Bunlar sizin ağızlarınıza geliveren sözlerden ibarettir. Allah ise gerçeği söyler ve doğru yola O eriştirir." ifade edildiğini zannediyorum.

Özetle

"E Muhammed'in kimle evleneceği neden Kur'an'da var o zaman?" şeklinde ifade edilen sığ tenkit hakkında da konuştuğumuza göre, anlattıklarımızı kısaca toparlayacak olursak:

1. Hz. Muhammed'in, Hz. Zeynep'i gördüğü, çok beğendiği ve kalbinin meylettiği, ayetin de bundan dolayı indiği şeklindeki rivayetlere eski âlimler uydurma demiştir. Ayrıca bunlar aklen de tarihen de çelişiktir. Hz. Muhammed (a.s.) Zeynep'i daha önce defalarca görmüştür ve kuzenidir. Zeyd ile evlenmesinde dünürcü olan Hz. Muhammed 'in kendisidir. Bunun üzerine yazılan roman gibi daha absürt hikâyeler ise daha da uydurmadır.
2. Hz. Muhammed, Hz. Zeyd'e eşini boşa dememiştir. Bilakis boşamamasını salık vermiştir. Zeyd kendi isteğiyle eşini boşamıştır. Bu ayetin lafzında açıkça vardır.

---

17. Oryantalistler benzeri kişilerin Kur'an'ı birbirinden bağıntısız öyküler zannetmesi bu bağıntıları yakalayamamalarıdır.

3. Hz. Muhammed (a.s.) isteseydi Hz. Zeynep'le daha önce evlenebilirdi. Ailesi de Zeynep de bundan memnun olurdu.
4. Bu olaydan sonra ne Zeyd (ra.) ne de oğlu Usame (r.a.) ile Hz. Muhammed (a.s.) arasında hiçbir gerginlik, kırgınlık yaşanmamıştır. Zeyd (r.a.) İslam ordularının kumandanı olmuş ve Hz. Muhammed'in yolunda canını vererek şehit olmuştur. Bu uydurma rivayet üzerine bina edilen delilsiz masalların da geçerli olmadığını göstermektedir.
5. Hem ayetin lafzından hem de o dönemde yaşayan tarihî tanıklardan (sahabeden) gösterdiğimize göre Hz. Muhammed (a.s.) böyle bir evliliği istememiş ve bilakis rahatsız olmuştur.
6. Bu durumdan dolayı ayetlerle ikaz edilmiştir. Onun iradesinden farklı bir irade onu istemediği bir şeye zorlamıştır. Bu samimiyet delilidir.
7. Hem Zeynep'in (r.a.) Zeyd (r.a.) ile evliliği hem de Hz. Muhammed'in Hz. Zeynep ile evlilikleri Cahiliye dönemindeki soyun üstünlüğü algısını fiilen kırmaya yöneliktir.
8. Evlatlığın öz oğul gibi olmadığının gösterilmesi "Muhammed erkeklerden hiçbirinin babası değildir." Ayetinin gelmesine imkân sağlaması açısından siyasi olarak büyük kargaşaları engelleyici olmuştur.
9. Tüm bu sure, hakikat yerine konulan isimlendirme konusunda tarihte benzeri nadir bulunur derinlikte bir felsefi anlatıyı sağlamaktadır.

DİNLER YOK OLACAK MI?

Aslında bu ilginç bir algıyı yansıtmaktadır. Argüman gibi kullanılmaktan ziyade tespit gibi öne sürülmektedir. "Dinler zaten yok olacak, siz zamanı geçmiş bir şeyle meşgul oluyorsunuz!" anlamına gelen söylemlerle öne sürülmektedir. Daha çok psikolojik bir etki oluşturmaktadır. Bu bağlamda böyle bir olgunun varlığını sorgulamak, dünyada ateizmin ve İslam'ın azalma-yaygınlaşma istatistiklerini incelemek faydalı olacaktır.

Türkiye'de dinî inancın orantısal olarak azalması üzerine yapılmış çokça çalışma mevcut. Konda'nın yaptığı çalışmaya göre 2012 yılında %2 civarında olan "Dinî inancım yok." seçeneği 2021 yılına gelindiğinde %6'ya yükseldi.[18]

İstatistiksel olarak bakıldığında artışın sadece %4 gibi algılanması doğru olmayacaktır. Çünkü bu istatistiğin gerçek yorumu "10 yılda 3 katına çıkan bir dinî inancım yok." seçeneğidir. Bu gerçekten istatistiksel açıdan ciddi bir artıştır.

Sosyal hayatta müşahede edilen de böyle ciddi bir artışın varlığıdır. Bu bağlamda araştırma sonucunun gündelik gözlemle uyuştuğunu söylemek zor değildir.

Bu %6 civarındaki oranın lise düzey yaş gruplarında ileri yaş gruplarına göre daha yüksek orantıda olacağını tahmin et-

18. https://interaktif.konda.com.tr/turkiye-100-kisi-olsaydi

mek zor değildir. Yani 30 yaş sonrası din değiştirme oranı düşük olacağı için lise yaş grubunda çok daha yüksek bir oran olması gerekiyor ki ortalaması alındığında %6'lık oran ortaya çıksın.

Vakıada da müşahede edilen durum budur. Belki Türkiye'de 2021 yılında her beş gençten birisinin dinî inancı olmadığını düşünmek zor olmayacaktır. Bugün bu oranın daha da arttığını zannetmekteyim. Elbette 2021-2023 arası farkı değerlendiren bir istatistik çalışması elimizde olmadığı için bunu ancak zan düzeyinde ifade edebiliyorum.

"Sınıfımda Müslüman olduğumu söylersem arkadaşlarım dalga geçer. Onlar İslam'la dalga geçerken ben sussam caiz olur mu?" şeklinde mail üzerinden birkaç soruya muhatap oldum. Bu en azından belli bölgelerde bu sayının çoğunluğu oluşturacak kadar yükseldiğini gösterecektir. Zira akran zorbalığı oluşabilmesi için belli bir sayı ya da kalabalık gerekmektedir. Bu %6'lık oranın liselerde ne derece büyük bir orantıya dönüşebileceğini gösterecektir.

Burada incelenmesi gereken bir diğer açı da şudur:

10 yılda 3 katına çıkan "Dinî inancım yok." seçeneğini seçen kişi sayısı çok ciddi bir ivmeyi göstermektedir. Çok çok kaba bir hesapla bu hızın yarısı ile dahi bir 10 yıl daha devam ettiğini hesaplasak bu oran 2030 yılında %10'lara gelebilir. Bu miktarın nasıl ivmeleneceğini öngörmek istatistik biliminin konusudur ve benim şu anki bilgi düzeyimi aşacaktır. Bu yüzden bu sadece kaba bir hesaplamadır. Ancak Türkiye'deki din değiştirme hızına dair bir fikir oluşturması için bu açıdan bakmak da anlamsız değildir.

Elbette bu ham bir veridir ve işlenmeden genellemelerle yorumlanması hatalı sonuçlar verebilir. Örneğin kendini önceden gayrimüslim olarak tanımlamayıp şu an böyle tanımlamaya başlayanların: Önceki yaşamlarında kendilerini dindar olarak tanımlayıp tanımlamamaları, haftalık ve günlük ibadetleri katılma miktarları, yetiştikleri sosyoekonomik ve dini atmosfer, eğer varsa ailelerinin müntesip oldukları dini fırkalar, yaş aralıkları, kendilerini ilk kaç yaşında "dinî inancı olmayan birisi" olarak tanımladıkları, dinî inançlarını terk etmeden önce okudukları dinî ve gayrıdinî eserler, sosyal medya bilgileri ile mi yoksa kitaplar üzerinden aldıkları bilgilerle mi dinî inançlarını değiştirdikleri gibi sayısı çokça arttırılabilecek önemli değişkenlerin tespiti gereklidir.

Bu değişkenlerin tespiti ile tablo çok daha sağlıklı bir biçimde yorumlanmaya müsait olabilir. Durum tespiti ve nedenselliğin inşası çok daha sağlıklı bir biçimde yapılabilir. Şu an elimizdeki ham veri spesifik yorumlar yapmaya müsait olmadığı için yorumda keyfîlik söz konusudur.

Ancak değişkenlerin niteliği hakkında ne söylenirse söylensin burada hızlı bir yükselişi müşahede etmiş bulunmaktayız. Türkiye'deki durum istatistiksel açıdan böyledir. Ancak sorulması gereken önemli bir soru vardır:

Ateizm-deizm ve diğerlerindeki bu yükseliş uluslararası ölçekte de böyle midir? Yoksa Türkiye'ye ait lokal bir durumun ifadesi midir?

DÜNYA'DA İSLAM

Türkiye'deki bu durum akademik olmayan çevrelerde, dünyası lokal alanından ibaret olan bazı kişiler ve bazı kasıtlı manipülatörlerden dolayı uluslararası yorumlanmaya meyillidir.

Bu genellemenin sosyal medya ya da bazı yayın organlarında "50 yıla kalmaz İslam bitecek, internet dinleri bitiriyor, bilim ilerlediği için dinler yok oluyor." vb. şeklinde kolaycı, manipülatif ve heyecanla yorumlanmaya çalışıldığını müşahede etmek zor değildir.

Oysa her yorum bir bilgi ve gözlem havuzuna dayanarak şekillenir. Eğer yorumun tabanındaki bilgi ve gözlem hatalıysa yorum doğru olamaz. Hatalı bilgiye dayanan yorum doğal olarak hatalı olmaya meyyaldir. Çünkü dünya genelinde İslam birazdan istatistiksel verilerle göstereceğimiz üzere en hızlı yayılan din konumundadır. Elbette İslam coğrafyasının başlangıcından bu gününe en zayıf olduğu dönemde ama yine de en hızlı yayılan din olması "İslam kılıç zoruyla yayıldı" söylemini de çürütecek bir delil sayılmalıdır.

Konumuza dönecek olursak:

Samuel P. Huntington ses getiren eseri *Medeniyetler Çatışması*'nda şöyle bir tabloyu aktarıyor:

Büyük Dinlere Mensup Kişilerin
Dünya Nüfusuna Oranı (Yüzdelik)

Yıl Din	1900	1970	1980	1985	2000
Müslüman	12,4	15,3	16,5	17,1	19,2
Batı Hristiyanlığı	26,9	30,6	30,0	29,7	29,9
Ortodoks Hristiyanlık	7,5	3,1	2,8	2,7	2,4
Ateist	0,0	4,6	4,5	4,4	4,2
Dindar olmayan	0,2	15,0	16,4	16,9	17,1
Hindu	12,5	12,8	13,3	13,5	13,7
Budist	7,8	6,4	6,3	6,2	5,7
Çin halk	23,5	5,9	4,5	3,9	2,5
Kabile	6,6	2,4	2,1	1,9	1,6

Tablo 1[19]

19. Samuel P Huntington, *Medeniyetler Çatışması*, Panama Yay. 2021 Ankara; David B. Barrett, ed., *World Christian Encyclopedia: A comparative study of churches and religions in the modern World A.D. 1900-2000* (Oxford: Oxford University Press, 1982).

BASKIYLA YAYILAN İNANÇ

Tabloda artan ateizm oranını Çin halk dinlerine mensup birey sayısındaki dramatik düşüşle açıklamak oldukça makul olacaktır. Grafiği alıntıladığımız Huntington da böyle yorumlamayı tercih etmiştir.[20] Çünkü dünya nüfusunun yaklaşık %17,88'ine sahip olan Çin, kendi halkına zorla dinî inançlarını terk etmesi konusunda baskı yapmaktadır. Bu gizli olmayan baskı sadece propaganda düzeyinde olmamakta fiziki ve hukuki baskı da içermektedir. Çin Halk Cumhuriyeti %67 ateist oranı ile orantısal olarak da en fazla ateistin yaşadığı ülke. Elbette bu orantı büyük nüfus ile birleştiğinde güçlü bir istatistik katkı olmaktadır.

Bu hem Çin halk dinlerindeki inanılmaz düşüşü hem de ateizmin dünyadaki sayısal artışını açıklayacaktır. Zaten Çin halk dinlerindeki %20'lik düşüş, dünya nüfusunda yaklaşık %3.57'ye tekabül etmektedir. Bu %4.5 civarında olan ve yaklaşık olarak 1970'ten beri dalgalanmalı seyir gösteren ateizm miktarını büyük oranda açıklayacaktır.

Ayrıca ilgili tabloda bir diğer sert düşüş Ortodoks Hristiyanlıktadır. Batı Hristiyanlığı dalgalı seyrederken Ortodoks Hristiyanlıktaki bu düşüşte büyük amilin de ilgili dönemde Sovyet Rusya'nın bilinen ateizm dayatması olduğunu düşünmek zorlama olmayacaktır. Bu tablo henüz Sovyet bloğu yeni yeni yumuşamışken yapılmıştır. Örneğin bugüne gelindiğinde Rusya ve komünist blok ülkelerinde baskı azaldığı için Ortadoks Hristiyan oranı %3,4'e çıkmıştır.

O hâlde ateizm oranının 1970'ten 2000'li yıllara kadar giderek yaşadığı düşüşte Sovyet bloğun gittikçe güç kaybediyor olmasının etkili olduğu düşünülebilir.

---

20. Huntington, 83.

Elbette burada ironik bir durum ortaya çıkıyor. Türkiye'de teolojik konularla ilgilenen neredeyse herkes ateist, deist ve agnostik kesimin "Özgür düşünce yayıldıkça dinler zayıflayacak, İslam ancak baskı ile var olabilen bir dindir." gibi söylemlerine şahit olmuştur. Oysa global ölçekte inanç özgürlüğünün sıfıra yakın olduğu coğrafyalar 1990'lı yılların sonuna kadar ateizmin esas popülasyonunu oluşturmaktadır. Hâlen de özellikle Çin ateizmi nüfus popülasyonu açısından domine etmektedir. Bu manada baskı ve inanç diktası ile global çapta görünür olan dinî görüşün ateizm olduğu iddia edilebilir.

10 Countries With the Largest Unaffiliated Populations, 2010 and 2050

	2010 UNAFFILIATED POPULATION	% OF WORLD'S UNAFFILIATED POPULATION IN 2010		2050 UNAFFILIATED POPULATION	% OF WORLD'S UNAFFILIATED POPULATION IN 2050
1 China	700,680,000	61.9%	1 China	663,080,000	53.9%
2 Japan	72,120,000	6.4	2 United States	100,860,000	8.2
3 United States	50,980,000	4.5	3 Japan	72,980,000	5.9
4 Vietnam	26,040,000	2.3	4 Vietnam	31,720,000	2.6
5 Russia	23,180,000	2.0	5 France	30,570,000	2.5
6 South Korea	22,340,000	2.0	6 United Kingdom	26,710,000	2.2
7 Germany	20,350,000	1.8	7 South Korea	22,010,000	1.8
8 France	17,580,000	1.6	8 Germany	20,910,000	1.7
9 North Korea	17,350,000	1.5	9 Brazil	20,740,000	1.7
10 United Kingdom	17,220,000	1.5	10 North Korea	18,800,000	1.5
Subtotal	967,850,000	85.6	Subtotal	1,008,370,000	82.0
Subtotal for Rest of World	163,300,000	14.4	Subtotal for Rest of World	221,970,000	18.0
World Total	1,131,150,000	100.0	World Total	1,230,340,000	100.0

Source: The Future of World Religions: Population Growth Projections, 2010-2050. Population estimates are rounded to the nearest 10,000. Percentages are calculated from unrounded numbers.

PEW RESEARCH CENTER

Tablo 2

Pew'in verdiği bu istatistikte görüleceği üzere dünyadaki 1.131.150.000 dinî inancı olmayan kişinin 700.000.000'u Çin'de yaşamaktadır. Bu orantısal olarak dünyadaki dinî inancı olmayan kişilerin yaklaşık %62'si anlamına gelmektedir.

Burada ilerleyen yıllarda ateizmin oranında beklenen düşüşün Çin'in siyasi pozisyonundaki değişikliklerle çok daha hızlanabilmesi mümkündür. Çin'de Mao'nun uyguladığı kültür devrimindeki her yumuşama, ateizm oranında ciddi miktarda düşüşler anlamına gelebilir. Bugün kültür devriminde eskiye nazaran biraz esneklik var diye biliyoruz. Tüm dinlere olmasa dahi bazı dinlere izin verilmeye başladı. Ancak bu durumun istatistiklere nasıl yansıdığını inceleyebilmek Çin'in kapalı yapısından dolayı pek mümkün değil. Pew'in çalışmasında bu duruma şöyle işaret ediliyor:

"Ancak en büyük bilinmeyen faktör Çin'de din değiştirme konusunda güvenilir veri bulunmaması nedeniyle, senaryoların hiçbiri Çin'deki 1,3 milyar insan arasında din değiştirmeyi modellememektedir. Önümüzdeki on yıllarda Çin'de kayda değer bir değişim olursa, dünya nüfusunun dine bağlı olmayan kişi yüzdesini azaltabilir ve Hristiyanların, Budistlerin ve belki de diğer grupların sayısını artırabilir."[21]

İSLAM'IN YAYILMASI

İlgili tabloda ateist sayısındaki yükselişi konusunu yorumladıktan sonra Müslüman sayısındaki yükselişi de incelememiz gerekmektedir.

Bu tabloyu yorumlayan Huntington'a göre "Müslümanların sayısındaki artış daha çarpıcı olmuş, 1900'lerde %12.4 olan oran 1980'de yüzde 16,5 veya başka bir hesaba göre %18'e çıkmıştır."[22]

Huntington bu yorumun devamında 2025 yılı için istatistik tahmininde, "Hristiyanların dünya nüfusuna oranı 1980'lerde

21. https://www.pewresearch.org/religion/2015/04/02/main-factors-driving-population-growth/
22. Huntington, 84.

yüzde 30'a çıktı ve bir süre aynı seviyelerde kaldı. Şimdilerdeyse gerilemektedir ve muhtemelen 2025'te dünya nüfusunun muhtemelen %25'ini oluşturacaktır. Nüfus artışındaki aşırı yüksek oranların bir sonucu olarak[23] dünya genelindeki Müslümanlar önemli ölçüde artacak, yüzyılın sonlarında dünya nüfsunun %25'ine ulaşacak birkaç yıl sonra ise Hristiyanların sayısını geçecek ve 2025 yılında belki de dünya nüfusunun %30'una ulaşacaktır."

PEW ARAŞTIRMA MERKEZİ 2010 ÇALIŞMASI

Projected Global Muslim Population, 2010-2050

	POPULATION ESTIMATE	% OF WORLD'S POPULATION
2010	1,599,700,000	23.2%
2020	1,907,110,000	24.9
2030	2,209,270,000	26.5
2040	2,497,830,000	28.1
2050	2,761,480,000	29.7

Source: The Future of World Religions: Population Growth Projections, 2010-2050 Population estimates are rounded to the nearest 10,000. Percentages are calculated from unrounded numbers.

PEW RESEARCH CENTER

Tablo 3

Huntington'un 1990'lı yıllara ait bu tahminlerini inceleme fırsatımız bugün mevcuttur.

2010 yılında Pew tarafından dünya genelinde yapılan anketlerin sonucu oldukça çarpıcıdır:

2000'de %19,4 olan Müslüman nüfus oran 2010 yılında %23'e ulaşmıştır.

Size and Projected Growth of Major Religious Groups

	2010 POPULATION	% OF WORLD POPULATION IN 2010	PROJECTED 2050 POPULATION	% OF WORLD POPULATION IN 2050	POPULATION GROWTH 2010-2050
Christians	2,168,330,000	31.4%	2,918,070,000	31.4%	749,740,000
Muslims	1,599,700,000	23.2	2,761,480,000	29.7	1,161,780,000
Unaffiliated	1,131,150,000	16.4	1,230,340,000	13.2	99,190,000
Hindus	1,032,210,000	15.0	1,384,360,000	14.9	352,140,000
Buddhists	487,760,000	7.1	486,270,000	5.2	-1,490,000
Folk Religions	404,690,000	5.9	449,140,000	4.8	44,450,000
Other Religions	58,150,000	0.8	61,450,000	0.7	3,300,000
Jews	13,860,000	0.2	16,090,000	0.2	2,230,000
World total	**6,895,850,000**	**100.0**	**9,307,190,000**	**100.0**	**2,411,340,000**

Source: The Future of World Religions: Population Growth Projections, 2010-2050

PEW RESEARCH CENTER

Tablo 4[24]

23. Mevcut durumun sadece buna bağlanarak açıklanamayacağını ileride anlatacağız.
24. pewresearch.org/religion/2015/04/02/religious-projections-2010-2050/

Aynı şekilde devam ederse ileri doğru Pew tarafından yapılan tahminler şöyledir:

"Ana projeksiyon modeli 2050'nin ötesine uzatılırsa, dünya nüfusunun Müslüman payı, 2070 civarında, her biri kabaca %32 olacak şekilde Hristiyan payına eşit olacaktır. Müslümanların sayısı Hristiyanların sayısını geçecektir."[25]

"Dünyanın en büyük bu iki dinî grubu, 2050'de %61 ve 2010'da %55'ten 2100'de küresel nüfusun üçte ikisinden fazlasını (%69) oluşturacaktır." [26]

If current trends continue, Muslims would outnumber Christians after 2070

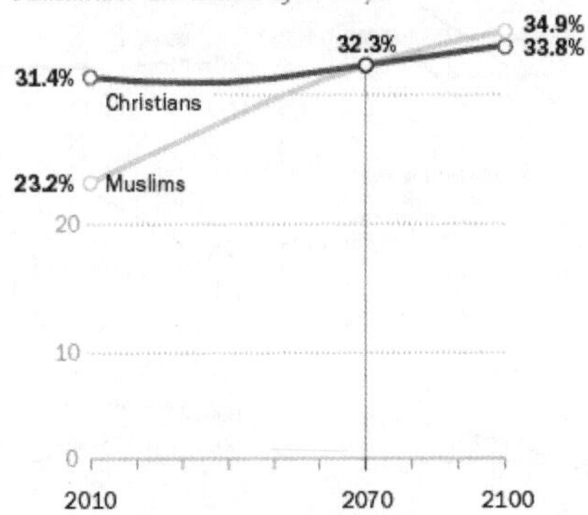

Source: The Future of World Religions: Population Growth Projections, 2010-2050

PEW RESEARCH CENTER

Tablo 5[27]

Pew'ın yaptığı yukarıdaki görselden anlaşılacağı üzere eğer şu an mevcut trend devam ederse 2070 yılından sonra İslam

25. pewresearch.org/religion/2015/04/02/religious-projections-2010-2050/
26. pewresearch.org/religion/2015/04/02/religious-projections-2010-2050/
27. pewresearch.org/religion/2015/04/02/religious-projections-2010-2050/

Hristiyanlığı da geçerek dünyanın en yaygın dini olacak ve dünya nüfusunun üçte biri Müslüman olacak. Uluslararası yayılma hızı böyleyken Türkiye'deki yerli yeni ateistlerin büyük bir kısmının "İslam 50 yıla yok olacak, internet İslam'ı bitirecek." gibi söylemlere inandırılabiliyor olması aslında ironiktir. Zira bilgiye ulaşmayı kolaylaştırması sebebiyle dini bitireceğine inandıkları internetten kolayca ulaşılabilir olan bu güvenilir bilgiden bihaber olmaları, sorgulayıcı ve bilimsel olma iddialarıyla beraber düşünüldüğünde insanda tebessüm oluşturmaktadır.

Projected Change in Global Population

With the exception of Buddhists, all of the major religious groups are expected to increase in number by 2050. But some will not keep pace with global population growth, and, as a result, are expected to make up a smaller percentage of the world's population in 2050 than they did in 2010.

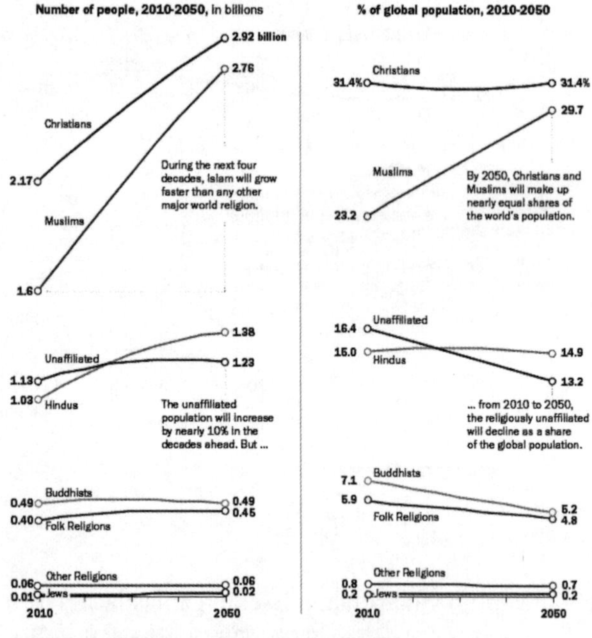

Source: The Future of World Religions: Population Growth Projections, 2010-2050
PEW RESEARCH CENTER

Tablo 6[28]

---

28. pewresearch.org/religion/2015/04/02/religious-projections-2010-2050/

İlgili grafikte ise 2050 yılına kadar kalabalık dinlerden Hristiyanlık ve Hinduizmin yaklaşık olarak stabil seyredeceği, bir dine bağıntılı olmayanların oranının %16 civarından %13'e ineceği, folklorik dinler ve Budizmde de gerileme beklendiği, orantısal olarak artış gösteren tek dinin %23.2'den %29,7'ye çıkan İslam olacağı anlaşılıyor.

Burada istatistiklerde "bir dine bağlı olmayan" tabiri bazen kafa karıştırıcı olabilir. İstatistikten istatistiğe bu kabulün niteliği değişmektedir. Örneğin bilinen bir ismi olmayan çoğu inanç bazı anketlerde bu sınıfa dahil edilebiliyor. Spiritüalizm, mistik dinler, Şamanizm burada sayılabiliyor. Burada her araştırmada metodik durumun incelenmesi gerekiyor. Yani bu sayıların direkt ateizm gibi düşünülmesi her zaman doğru olmayacaktır.

DOĞUM ORANIYLA BU DURUM AÇIKLANABİLİR Mİ?

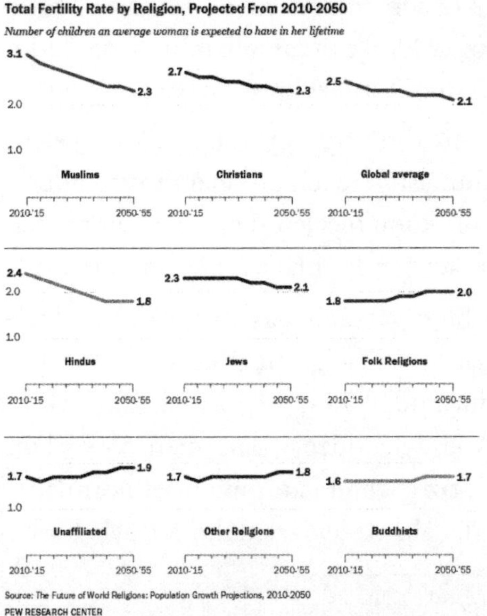

Tablo 7

2010-2015 üzerinden gidildiğinde en yüksek doğum oranı sıralaması: Müslümanlar (3.1), Hristiyanlar (2.7), dünya ortalaması (2.5), Hindular (2.4), Yahudiler (2.3).

Bu durum, anketi yorumlayarak yayınlayan BBC, CNN, DW ve diğerleri gibi pek çok batılı medya organını İslam'ın tek yayılış sebebinin doğum oranı olduğu açıklamasına itmiştir.[29] Aslında bu ilginç bir durumdur. Çünkü her fırsatta tahkir edilen Müslümanların ve İslam'ın inanılmaz yayılışı bu medya organları tarafından "Kedi gibi üreyen Ortadoğulu" imajına bağlanmıştır. Bu Batılı medya organlarının ne derece hakperest (!) olduğunu göstermesi açısından ilginç bir örnektir. Çünkü olgu toplamında İslam'ın yayılması ve büyüyen bir din olması İslam namına olumlu bir şey olarak görülmeli iken, olgu İslam lehine olsa dahi yorumda bu bir tenkide dönüşerek "Kedi gibi ürediklerinden böyle oluyor." penceresine çekilerek dip mesajda "İslam'da olumlu bir şey olduğunu zannetmeyin, bu genişlemenin tek sebebi Müslümanların cahil olmasıdır." hâline dönüşmüş oluyor. Aslında klasik oryantalizmin yüzyıllardır oluşturduğu söylem skalasının bir tezahürü ortaya konuluyor.

Elbette bir dinî grubun nüfus artışı incelenirken doğum oranı ele alınması gereken en önemli verilerden birisidir. Ancak böylesi bir konu incelenirken ele alınması gereken pek çok muhtemel etken vardır. Daha kolay bir anlatımla:

Başarılı bir öğrencinin başarısının sadece düzenli ders çalışmasına bağlanması ile olgu anlaşılmış olur mu? Başarı multifaktöriyel bir durumdur. Yani pek çok sebebin birleşiminden oluşmaktadır. Aile, zekâ düzeyi, öğretmen, sosyoekonomik şartlar, özellikle bir kız çocuğu için toplumsal normlar vb. bu konuda en az düzenli çalışma kadar etkilidir. Böyle bir başarının sade-

29. Hızlıca Google'da arama yapılarak haber içeriklerine bakılması birazdan söylediklerimin daha kolay kavranılması için faydalı olacaktır.

ce düzenli çalışma ile yorumlanması ancak düzenli çalışmanın öneminin vurgulanmak istendiği bir çalışmada mümkün olur. Aslında Batılı haber sitelerinin yaptığı da tam olarak budur. Onlar sadece doğum oranına vurgu yapmak istemişler. Pek çok etmenden oluşan bu olguyu sadece İslam ve Müslümanların negatif algıya muhatap olacağı etmen üzerinden açıklamaya çalışmış olurlar. Bu elbette ciddi bir inceleme sayılamayacağı gibi sadece propaganda olarak ele alınabilir. Çünkü Müslümanlar açısından olumlu bir haber bile böyle bir sunumla rahatlıkla olumsuz bir yorumla tenkit malzemesi kılınabilmiş oluyor.

O hâlde konumuza döndüğümüzde tüm bu olgu sadece doğum oranı ile açıklanabilir mi?

Öncelikle doğum oranının burada oldukça önemli bir etmen olduğunu teslim etmek gerekir. Sonuçta kendisi hakkında konuşulan konu nüfus üzerinedir ve doğum oranı, ölüm oranı ile birlikte bu konudaki direkt etmenlerdendir. Ancak tek etmen elbette değildir.

Life Expectancy at Birth by Religious Group, 2010-2055

Based on country-level data

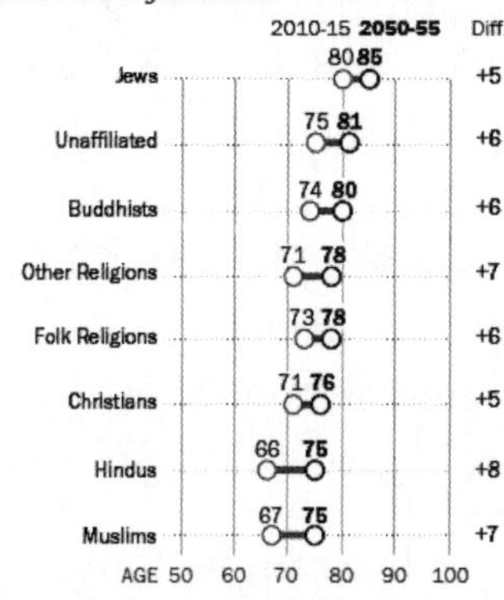

Tablo 8

1. Ortalama yaşam beklentisi anketlerine baktığımızda bir diğer etmeni keşfetmiş oluruz: Bu insanlar ne kadar yaşıyorlar?

Yukarıda görüleceği üzere ortalama yaşam beklentisinde Müslümanlar en kötü durumda olan halklardır. Bu, tıpkı doğum oranı gibi istatistik verilerde oldukça önemli bir etmendir. Bunun daha kolay anlaşılması için şu örnek yerinde olacaktır:

Bundan 1000, hatta 100 yıl öncesine gittiğimizde normal bir ailenin doğum oranının şu an mevcut doğum oranından çok daha fazla olduğu bilinen bir gerçektir. Bir aile için 5-10 çocuk yapılması oldukça olağandır. Ancak nüfus artışı tıbbın gelişmesine kadar pek de karşılaşılan bir durum değildi. Bugün biz nüfusun yıllar içerisinde sürekli artışını kanıksamış durumdayız. Ancak 1300 yılında ortalama doğum miktarı bizden kat kat yüksek olan insanların nüfusu düzenli olarak artmıyor, bazen sabit kalıyor ve düşüşlere maruz kalıyordu.

Pek tabii tıbbın gelişmesi, çocuk ölüm oranının düşmesi, gıda ve iktisadi üretimin artışı ile oldukça ilişkilidir. Tıbbi açıdan bakıldığında en önemli gösterge çocuk ölüm oranıdır. Hatta ülkelerin tıbbi gelişmişlik düzeylerinin en önemli belirtesi çocuk ölüm oranı ve doğumda anne ölüm oranı sayılabilir. Bu gerçekten tıbbi imkânlarla oldukça ilişkilidir. İslam coğrafyasında yapılan işgaller ve cinayetler de ölüm oranı istatistiğinde önemli etkenler olacaktır ancak bunun istatistiğe ne derece yansıtıldığını tespit edebilmek güçtür. Örneğin Irak'ta öldürülen insan sayısı bu istatistiğe nasıl yansıdı? Bunu keşfedebilmek için bu anketleri kendimizi geliştirip bizim yapmamız gerekmektedir. Ancak tüm bu verilen toplandığı nihai sonuç ortalama yaşam beklentisidir. Bu ise yukarıda gösterdiğimiz üzere en düşük olarak Müslümanlardadır. Elbette bu doğum oranı ve sosyal koşullarla da ilişkilidir. Yüksek doğum oranı düşük yaşam süresini tetikleyebildiği gibi, düşük yaşam süresi yüksek doğum oranını da tetikleyebilir. Bu çok daha uzun bir istatistik incelemeyi gerektirir ki şu an burada konumuz değildir.

2. Burada bir diğer konu ortalamanın üzerinde nüfus artışına sahip olan tek grubun Müslümanlar olmaması olgusudur. Pew durumu şöyle aktarıyor:

"Hristiyanlar kadın başına 2.7 çocuk ile dünya çapındaki Toplam Doğurganlık Hızı, mevcut beş yıllık dönemde (2010-2015) tüm kadınların ortalamasını (2.5) aşan tek diğer büyük dini gruptur."[30]

Müslümanların doğum oranı 3.1 iken Hristiyanların doğum oranı 2.7'dir. Eğer anket sadece bu veri ile açıklanabilir durumda olsaydı 1970'li yıllarda %30 civarında olan Hristiyanlığın bugün de aynı oranda olmasını ve orantısal olarak büyümemesini anlayamazdık. Çünkü ortalama doğum oranın üzerinde doğumu olan Hristiyan coğrafyanın, İslam coğrafyasından farklı olarak ortalama ömür beklentisinin yüksek olması ile 50 yıl boyunca Hristiyanlığın orantısal olarak yerinde saymasını değil oldukça büyümesini beklerdik. Oysa Hristiyan oranının hiç artmadığı bu 50 yılda Müslüman oranı tam iki katına çıkmıştır. Bu ise olgunun bırakınız sadece doğum oranını, ortalama yaşam beklentisi dahil edildiğinde bile bu iki etmenle yeterli düzeyde açıklanamayacağını göstermeye kâfidir.

3. Tablo 7 incelendiğinde 2050 yıllarında Müslümanlar ile Hristiyanların ortalama doğum miktarının eşitleneceğini ve 2.3 oranına geleceğinin öngörüldüğünü anlıyoruz.

Tablo 5'e baktığımızda 2050 yılından sonra da İslam'daki artış ivmesinin doğum oranı eşitlenmesine rağmen çok daha hızlı olacağını ve buna bağlı olarak 2070 yılında Hristiyan sayısının yakalanacağını ve geçileceğini görüyoruz.

Eğer dünyanın Müslümanlaşması sadece doğum oranına bağlanabiliyor olsaydı elbette 2050 yılında doğum oranı eşitlendikten sonra büyüme oranının da eşitlenmesi gerekirdi. Oysa İslam'ın doğum oranı eşitlendikten sonra da çok daha ivme-

30. https://www.pewresearch.org/religion/2015/04/02/main-factors-driving-population-growth/

li bir biçimde büyümeye devam edeceği Pew tarafından da öngörülmüş. O hâlde bu durumun sadece doğum oranına bağlanarak açıklanamayacağını iddia etmek zor değildir.

4. Burada doğum oranının ne derece etkili olduğunu anlamak için yapılabilecek bir istatistik çalışma şudur:

Tüm istatistik değişkenler içerisinde doğum oranı hesaptan çıkarılarak hesaplandığında diğer değişkenlerin etki düzeyi anlaşılacaktır. Pew Araştırma Merkezi sitesinde bu zaten hesaplanmıştır.

"Doğurganlık farklılıklarının nüfus projeksiyonları üzerindeki etkisini görmenin bir yolu, her ülkedeki tüm dinî gruplara aynı oranı atamak gibi alternatif bir dizi varsayım uygulamaktır... Buna karşılık, küresel düzeyde alternatif projeksiyon senaryosu, büyük dinlerin boyutunda çok az değişiklik sağlayacaktır. Yapay olarak, her ülkedeki tüm dinî grupların aynı doğurganlık oranını paylaştığı varsayılırsa, Müslümanlar dünya çapında en hızlı büyüyen büyük dini grup olmaya devam edecek ve 2050'de dünyanın dini bileşimi göründüğüne çok benzer olacaktır. Dünya nüfusunun Hristiyan payında yalnızca hafif bir artış (%31 yerine %32) ve Müslüman payında buna karşılık gelen bir düşüş (%30 yerine %29) olacaktır."[31]

Yani doğum oranı denklemden çıksa dahi İslam hızla büyümeye devam ediyor. Burada İslam'ın orantısal olarak ciddi büyüyüşünde doğurganlığın çok da büyük bir etmen olmadığı hususunda açık bir istatistiksel veriye sahip oluyoruz. Pek çok hesaplanamaz düzeydeki etmeni göz önünde bulundursak da doğurganlığın etki düzeyini hesaplayabiliyoruz ve bu doğurganlığın olguyu açıklamakta çok yetersiz kalacağını gösteriyor. Bu durum diğer hesaplanamaz etmenlerin önemini gösteriyor.

---

31. https://www.pewresearch.org/religion/2015/04/02/main-factors-driving-population-growth/

DİN DEĞİŞTİRME OLGUSU

Elbette ileriye dönük yapılan projeksiyonda doğum oranı oldukça önemli bir etmendir. Örneğin gelecekte ateizm oranında beklenen düşüşten bahsetmiştik. Bu doğum oranı düşüklüğüyle oldukça ilişkilidir. Çünkü dinî inancı olmayan kişilerin ortalama doğum oranı 1.7 civarında bulunmuştur. Bu sayısal ikame anlamına gelen 2.1'in altında olduğu gibi orantısal ikame anlamına gelen diğer grupların doğum oranı 2.5'in oldukça altındadır. Burada düşüşün ana sebeplerinden birisi olarak ele alınabilir.

Din değiştirme olgusuna dönüldüğünde ateizmin burada kazanımda olduğu görünmektedir.

Projected Cumulative Change Due to Religious Switching, 2010-2050

TOTAL	Switching in	Switching out	Net change
Unaffiliated	97,080,000	35,590,000	+61,490,000
Muslims	12,620,000	9,400,000	+3,220,000
Folk Religions	5,460,000	2,850,000	+2,610,000
Other Religions	3,040,000	1,160,000	+1,880,000
Hindus	260,000	250,000	+10,000
Jews	320,000	630,000	-310,000
Buddhists	3,370,000	6,210,000	-2,850,000
Christians	40,060,000	106,110,000	-66,050,000

Tablo 9

Yukarıdaki tablo 2010-2050 yılları arasında din değiştirme olgusunun dinlere göre nüfusa etki beklentisini içermektedir. En yüksek sayı 61 milyon kişi ile ateizme girişte görülürken onun muadili olacak büyük bir oran 66 milyon kişi ile Hristiyanlıktan çıkışta görünmektedir.

Elbette bu grafiklerde özellikle Çin etkisinin nasıl olacağını kestirmek zordur. Çin'in veri paylaşımında cömert olmaması önemli bir belirsizlik ortaya çıkarmaktadır. Çin'de dini inançlar üzerindeki baskının nispeten hafiflemesi sonrası şu an Çin'de dinî inançların dağılımının nasıl olduğu tam net durumda değildir. Bundan 30 yıl sonra Çin'in dinî inançlara muamele şekli yumuşarsa ve veri paylaşımı düzgün olursa grafiğin bundan nasıl etkileneceği önemli bir sorudur.

Örneğin Çin'de dinler üzerine olan baskının yumuşadığı bir projeksiyonda din değiştirme grafiklerinde ateizmin bu pozitif durumu dinlere geçişlerle negatif yönde etkilenebilir. Özellikle folklorik dinler başta olmak üzere tüm dinler bu istatistikte daha pozitif bir görünüm çizebilir. Bunu tam olarak öngörebilmek bugün pek mümkün değil.

Aynı tabloda İslam özeline dönüldüğünde İslam'ın orantısal artışta doğum oranının önemli bir etken olduğu ancak bu artışın sadece doğuma bağlanamayacağı gibi bu artışın ana motorunun din değiştirme olduğunu söylemek de mümkün görünmemektedir.

Ancak din değiştirme olgusunun İslam'a olumlu katkıda bulunacağının öngörüldüğü ve Müslüman olması beklenen kişi sayısının (12.6m) İslam'dan çıkan kişi sayısı (9.4m)'dan yüksek olduğu tabloda müşahede edilmektedir.

Elbette bu 2050 yılına kadar ciddi oranda artan bir Müslüman nüfusun sadece dinini muhafaza etmekle kalmayacağı, din değiştirmelerin de buna katkı sağlamaya devam edeceği anlamına gelmektedir.

Aslında yukarıdaki tablonun daha önemli bir yorumu şudur: Dünyanın demografik yapısının bugün görünenden çok daha farklı olacaktır. Aktardığımız gibi bu istatistik çalışmalar Asya'nın bazı önemli bölgeleri hakkında kısıtlılıklar içermektedir. Ancak Avrupa ve Amerika hakkında oldukça önemli bilgiler vermektedir.

Yüksek oranda Hristiyanlıktan çıkış ve ateizme girişin -ki bu ortalama 60 milyon kişilik değişimler birbirine denk gelmektedir- büyük kısmının Avrupa'da gerçekleşeceğini düşünmek oldukça makuldür.

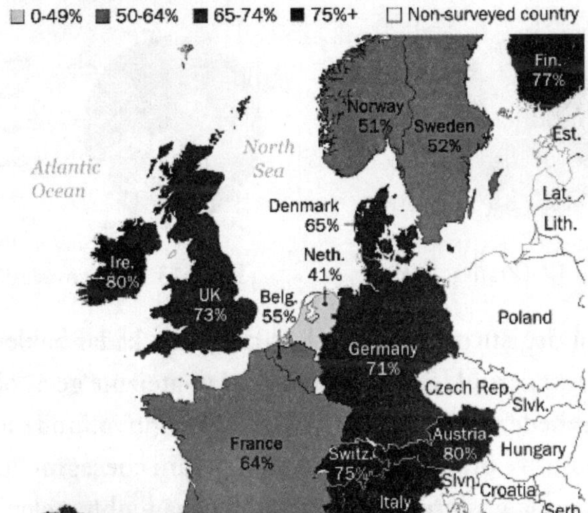

Tablo 10[32]

Yukarıdaki tablo Avrupa'da Hristiyan oranını göstermektedir. Fransa, Almanya, İngiltere, İspanya, İtalya gibi Avrupa de-

---

32. https://www.pewresearch.org/short-reads/2018/05/29/10-key-findings-about-religion-in-western-europe/

nilince akla gelen ilk ülkelerde Hristiyan miktarının %80'in altına düştüğünü ve Fransa ile İspanya'da oranın %65 civarlarına kadar gerilediği görülmektedir. Örneğin Fransa ve Almanya'daki din dağılımları şöyledir:

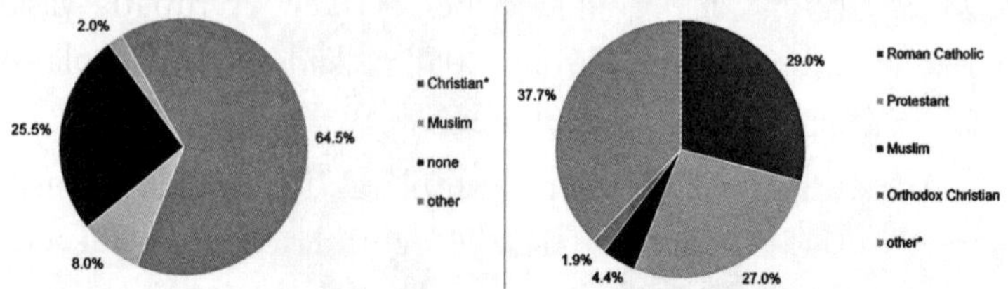

Tablo 12. (Fransa, 2015)[33] Tablo 13. (Almanya, 2015)[34]

Din değiştirme tablosunda 2050 yılına kadar beklenen en sert hareketlerin Hristiyanlıktan çıkış ve ateizme geçiş olduğunu müşahede etmiştik. Burada Hristiyanlığın önümüzdeki yıllarda nüfus ve orantı olarak artmaya devam edeceğini de önceki tablolarda göstermiştik. Ancak bu artış muhtemelen Avrupa'da olmayacak. Çünkü doğum oranı vb. çok önemli etkenler Avrupalı Hristiyanlarda da yüksek değil. Avrupa'da din değiştirme ve düşük doğum oranı etkisi ile Hristiyan oranının düşmesi beklenmektedir. Hristiyan nüfusun ağırlığı ise Afrika'ya kayacak gibi görünmektedir. Elbette bu bağlamda din değiştirme olgusunun projeksiyonlarda İslam aleyhine işlememesi ve hatta 3-4 milyonluk bir artış sağlaması daha önemli olmaktadır. Zaten orantısal olarak büyüyen İslam din değiştirme ile hiçbir erime yaşamamakta bilakis din değiştirme kendisine kazanım sağlamaktadır. Bu Avrupa'da Müslüman oranının oldukça yükselmesi anlamına gelmektedir.

Pew bu duruma şu şekilde işaret etmektedir:

---

33. https://www.britannica.com/place/France/Religion
34. https://www.britannica.com/place/Germany/Religion

"Hristiyan olan dünya nüfusunun genel payının nispeten sabit kalması beklenirken, Hristiyanların bölgesel dağılımının değişmesi öngörülüyor. Belki de en önemlisi, Sahraltı Afrika'da yaşayan dünyadaki Hristiyanların payının 2010'da %24'ten 2050'de %38'e çıkması beklenirken, Avrupa'da yaşayanların payı 2010'da %26'dan 2050'ye kadar yaklaşık olarak %16'ya kadar düşmeye devam edecek.

Avrupa nüfusunun bir parçası olarak Müslüman nüfusunun, 2010'da yaklaşık %6'dan 2050'de yaklaşık %10'a yükselerek neredeyse iki katına çıkması bekleniyor. Kuzey Amerika'da, kendini İslam'la özdeşleştiren nüfusun payının %1'den %2'ye çıkması bekleniyor önümüzdeki on yıllarda. 2010 ile 2050 arasında, yüzde olarak en hızlı Müslüman nüfus artışının Kuzey Amerika'da (%197) gerçekleşeceği tahmin ediliyor; bu, bölgenin genel nüfusunda beklenen artışın (%26) yedi katından fazla."

Tüm bu tablolardan anlaşılan şudur:

İslam dünya genelinde 1970'ten bugüne kadar en hızlı yayılan dindir. 2010-2050 arasında orantısal olarak yayılması beklenen tek dindir. İlerleyen dönemde orantısal en hızlı yayılımı Avrupa (%6'dan %10'a) ve Amerika'da (%1'den %2'ye) gerçekleşmesi beklenmektedir. Bunun dışında dünya geneli orantısının da oldukça artarak dünyanın en yaygın dini olması beklenmektedir.

Anlaşılan odur ki Türkiye'deki yeni ateistlerin "Matba Hristiyanlığı bitirdi internet de İslam'ı bitirecek, 50 yıla kalmaz din yok olacak. Dinler sadece baskı sayesinde varlar." vb. söylemleri kaba bir cehalete dayanmaktadır. Cehalet kalınlaştıkça özgüveni artar.

EVREN KAOTİK MİDİR, DÜZENLİ MİDİR?

Böyle bir yazıda öncelikle kaos ve düzenin tanımlanması gerekmektedir. Kelimeler üzerine öylesine tepinilmiştir ki, bu kelimeler artık olayı açıklamaktan ziyade konuyu daha anlaşılmaz hâle getirmektedir. Bu sebeple sağduyulu hiçbir insanın 30 saniye düşündüğünde kabul etmeyeceği "Kâinatta hiçbir düzen yok abicim." gibi pozisyonlar topluluklarca da savunulabilir hâle gelmektedir.

Burada kaos ya da düzen kelimelerine ne anlam verilirse verilsin tartışmanın özü aslında değişmeyecektir. Ahzap suresi 37. ayetle ilgili daha önceki okuduğunuz pasajlarda isimlendirmenin hakikat oluşturamayacağını anlatmıştık.

Düzen dediğimizde kastettiğimiz şey güneşin her gün aynı yerden doğması, yeni doğan bir çocuğun acı adana kebap yiyememesi, ayak tırnağınız kaşındığında beyin kanaması geçirdiğinizi düşünmemeniz, cebinizdeki parayı sokağa saçtığınızda paranızın artacağını değil azalacağını düşünmeniz, o para toprağa düştüğünde para ağacı oluşturmayacağını bilmeniz, Ankara'nın yüzey alanı olarak Türkiye'den büyük olamayacağını bilmeniz (bütünün parçasından büyük olması), su içmenizin uçmanızı sağlamayacağını bilmeniz vb. kâinatta sürekli aynı şekilde müşahede ettiğiniz ve zıddını hiç müşahede etmediğiniz şeylerdir.

Tikel bir örneğe geçtiğimizde örneğin:

Boynunuza bıçak saplarsanız olacak şeyi bilirsiniz, olmayacak şeyleri de bilirsiniz. Mesela boynunuz bıçak sapladığınız için parfümlenmiş gibi güzel kokmayacaktır. Kimse güzel kokmak için boynuna parfüm sıkmak yerine bıçak sokmaz. Boynunuza bıçak sokarsanız boynunuz kanar, bıçak kanamaz. Bıçağın canı yanmaz. Boynunuza soktuğunuz bıçak sayesinde görünmez olacağınızı düşünmezsiniz. Boynunuza soktuğunuz bıçağın akciğer hastalığınızı geçirmeyeceğini bilirsiniz.

Dikkat ederseniz ne olacağını biliyorsunuz. Ne olmayacağını da. Ne olmayacağı dünyası o kadar geniş ki aslında neredeyse sonsuz sayıda seçeneğin gerçekleşmeyeceğini biliyorsunuz.

İşte bunu bilmenizi sağlayan şeye biz düzenlilik diyoruz. İsteyen buna kaos diyebilir. İsimlendirme hiçbir şey ifade etmez. Buna kaos denilirse sadece anlaşılmazlık oluşmuş olacaktır. Normal insan kaos kelimesinden düzenin kastedilmediğini anlar. Oysa bunlara kaos demek dahi belirli bir düzenin parçasıdır. "Kaos" kelimesi zihinden geçer, dudaklara dökülür, belirli bir düzeyde sesletildiğinde karşıdaki insan tarafından işitilir. Eğer bir videoda söylendiyse kayıt cihazının onu kaydedeceği, mikrofonun sesi aktaracağı, bu gönderinin insanlar tarafından anlaşılacağı düşünülür. Mesela evindeki bardak ve tabak aracılığıyla video çekilemeyeceği bilinir. Yani bunu söylemek komplike bir eylemdir. Bu eylemin her bir ferdi için bıçak örneğindeki gibi sayısız farklı şeyin olmayacağını bilmekteyiz.

Skolastik okul felsefesinin muarızları tarafından tenkit edildiği başlıca konu tanımlar üzerinden konuyu manipüle etmeleridir. Örneğin "Anlamak şudur" diyerek bir tanıma gidildiğinde konular daha anlaşılır olmamaktadır. Zira anlamak tanımlanamayacak kadar primordial (ilksel) bir kavramdır. Aslında tanım konulduğunda ve tanım insanların "anlamak" denilen şeyden anladıklarıyla çatışmaya başladığında bir ikilik oluşur. Bir tanımlanan bir de insanların tamamının sağduyu ile bildiği şey. Bu ikilik sofistik bir pencere açar ve retoriğin oluşmasını sağlar.

Kaos kelimesinde böyle bir durum var. Yukarıda anlattığım düzen öylesine açıktır ki her insan öyle olduğunu kolayca fark eder. Kelime ile oluşturulan buğunun etkisinde kalmayan hiç kimse bu düzenin inkârına yönelik bir sözü kabul etmez. "Bu kadar cehalet ancak cehaletin tahsil edilmesiyle olur." denilen nokta aslında burasıdır.

Olgular dünyasında müşahede ettiğimiz bu durumun adına ister "kaos" deyin isterse "düzen" isterseniz "pempe kalpli yarasa" deyin benim açımdan fark etmez. Sorulan ve anlaşılmaya çalışılan şey bu isimler değil olgular dünyasında müşahede ettiğimiz bu durumdur.

Düzen bu yazıda kullanıldığı anlamı ile tüm bu olayların öngörülebilir bir sıralılık ile olması ve sonsuz sayıda diğer seçeneklerin insanlar tarafından müşahede edilmiyor olması anlamında kullanılacaktır. Yazı boyunca kaos kelimesini düzenin zıddı olarak kullanacağım.

DÜZEN ÖRÜNTÜLERİ

Şimdi bu tanımların daha net anlaşılması ve okuyan kişinin kafasında belli başlı şablonlar oluşması amacıyla bir örnek verelim.

Hepimiz elimizi ateşe yaklaştırdığımızda elimizin yanacağını biliriz. Bizim bu ön kabulü yapabilmemizi sağlayan şey düzendir. Diyelim ki başka bir evrendeyiz ve ateşe elimizi her yaklaştırdığımızda elimiz üşüyor, bu da bir düzen örneğidir. Çünkü biz bu sefer de elimizi her yaklaştırdığımızda elimiz neredeyse sonsuz sayıda ihtimal arasından üşüyeceğini öngörüyoruz. Yine başka bir evrende, elimizi ateşe her yaklaştırdığımızda elimiz aniden altına dönüşse bu da bir düzen ifade eder, çünkü aynı öngörülebilirlik yine mevcuttur. Peki, şimdi tüm bu örnekleri birleştirelim. Başka bir evrende elimizi ateşe yaklaştırdığımızda 1. ve 2. seferde elimiz yansa, sonrasında 3. 4. ve 5. seferde üşüse ve 6., 7., 8. ve 9. Seferde de elimiz arabaya dönüşse ve bu döngü ritmik bir şekilde devam etse bu yine bir düzen ifade eder. Çünkü biz elimizi kaç defa değdirdiğimizi hesaplayarak bir sonraki seferinde ne olacağını öngörebiliriz.

Şimdi bu olayı 0, 1 ve 2 rakamlarıyla kodlayalım.

0: Ateşe değdiğinde elimizin yanması

1: Ateşe değdiğinde elimizin üşümesi

2: Ateşe değdiğinde elimizin altına dönüşmesi

Elimiz sırasıyla 2 kere yanıyor 3 kere üşüyor 4 kere de altına dönüşüyorsa bunu 001112222 şeklinde kodlayabiliriz. Bu bizim bu olaydaki örüntümüzdür. Bu tarz örüntüler evrendeki pek çok farklı yerde mevcuttur. Evrendeki düzeni inkâr eden kimselerin pek çoğu anlayamadıkları örüntülere işaret ederek kaos iddiasında bulunur. Örneğin bu örüntü 9 elemanlı bir örüntü. Düzeni inkâr eden kişi -örneğin- ilk 7 elemana bakar (0011122) ve der ki bir düzen yok, rastgelelik ve kaos var. Oysaki örüntüye geniş bir pencereden bakacak olsa "001112222 0011122220011122220011122" biçiminde kompleks olmasına rağmen kendini tekrar eden bir tablo ile karşılaşır. Elbette bu sayılar doğada sadece 0-1-2 olarak kalmaz. Çok daha fazla sayıya ulaşabilir.

Ya da muhataplarımız bazen henüz düzenin tam keşfedilemediği örnekler üzerinden itiraz ile evrenin kaotik olduğunu ispata çalışırlar. Örneğin yukarıdaki örneğimize pi sayısı ile itiraz edildiğini düşünün. Ve varsayalım ki pi sayısının neliğini gerçekten hiçbir zaman anlayamayacağız. Yani örüntüsünün tekrar eden noktasını bulamayacağız. Burada evren kaotik olacak mıdır? Elbette bu bir safsatadır.

Evrende on milyon tane fenomen olsa ve sadece 5 tanesi düzenli olsaydı, biz "Bu beş fenomende gözlenen düzenin kaynağı nedir?" sorusunu cevaplamak zorunda kalırdık. Evrendeki milyarlarca fenomen içerisinden seçilmiş birkaç kısır örnek üzerinden "Düzen yoktur." iddiasında bulunmak gerçekten sağduyulu insan aklının faaliyetinden oldukça uzaktır. Zira düzen pozitif bir durumdur. Her hâlükârda açıklanması gerekmektedir. Zira insanın bilgisi kısıtlıdır. Düşünmeyi bilen her insan tüm olguların düzenini bilmediğini ve henüz hepsinin keşfedilmemiş olduğunu bilir. Düzen örneği ise 1 tane dahi olsaydı açıklanması gerekirdi. Kaos mührü vurmaya gelince hâliyle bu bilimin yolunun kapatılması demektir. Zira dün düzensiz zannedilen pek çok şeyin düzeni bilim tarafından keşfedilmiştir. Bu tarz kaos itirazlarına "Hastalık-Düzen İlişkisi" başlığı altında ilerleyen kısımlarda değineceğiz.

KAOS NEDİR?

Yukarıda okuduğunuz paragrafta daha çok düzenin ne olduğuna değindik, şimdi biraz da kaosun ne olduğuna yahut nasıl bir doğası olduğuna değinelim.

Öncelikle insan kaosu anlayamaz ve ifade edemez. Çünkü insan zihni amaçsallık, nedensellik, zaman, mekân örüntüsüyle çalıştığı için diğer tüm olguları da bu örgüyle kavrar. Örneğin bir şeyi algıladığında zaman sıralı algılar. İfade ederken dilin vezinleriyle zamanlı ifade eder. Lakin kaos, insanın düşünme sistemini olduğu gibi kuşatan bu örgünün içerisinde kalan bir yapı değildir.

Varsayalım ki bir odanın içerisinde kaos var. O odada bulunan bir kişi bunu diliyle ifade edemez. En fazla parmağıyla işaret edip "Ööö" gibi nida edebilir. Zira diliyle ifade edeceği her şey bir düzen içerecektir.

Kaos ifade edilebilen bir şey değildir lakin muarızlar biraz karmaşa gördükleri her yere kaos damgası yapıştırır. Örneğin dağınık bir masa gördüklerinde bunu kaosla ilişkilendirebilirler. Oysa masanın dağınık yahut derli toplu olmasının kaosla bir ilgisi yoktur. Bahsedilen masayla alakalı hiçbir şey bilmeden yalnızca masanın odada sabit şekilde durduğunu görsek bile bir düzenin varlığını görebiliriz. Çünkü masanın sabit şekilde durması demek, o ortamda yer çekimi bulunması demektir, zeminin sabit olması demektir vs. Daha uzun düşündüğümüzde karşımızda duran her nesnede daha fazla düzen örüntüsü keşfettiğimizi fark ederiz.

KÖTÜ VE ÇİRKİN ŞEYLERİ KAOTİK SANMA HATASI

Günümüzde büyük kısmı ateistlerden oluşan bir kesim, evrenin düzensiz (kaotik) olduğunu iddia etmekte. Bunu iddia ederken de ortaya koydukları deliller genelde yıldızların patlaması, yeryüzünde savaşların çıkması, insanların açlıktan ölmesi, hayvanların birbirini yemesi, sistemlerin ve galaksilerin zaman içerisinde yok olması yahut tahrip olması, fiziki ve psikolojik hastalıkların varlığı, doğal afetlerin dünyaya veya dünya içerisindeki canlılara zarar vermesi gibi olgular. Muhalifleri-miz, evrenin bu tarz olguları içinde barındırdığı için kaotik olduğunu savunmaktadır.

Fakat muhalifimiz burada farkında olmadan bir kavram kargaşasının içerisine düşüyor. Öne sunduğu argümanlarla evrendeki düzeni eleştirdiğini zannediyor kendisine çirkin görünen şeylerin düzensizlik ifade ettiğini zannediyor. Elbette ki düzen-kaos ilişkisinin iyi-güzel ilişkisine indirgenmesi biraz saçma. "Kötü-çirkin ama düzenli" böyle bir şeyin olması mümkündür ve hiçbir çelişki içermez. Örneğin kabız bir insanın dışkılaması: Kabız olmak kötüdür, dışkı çirkindir ama olay düzenlidir. Düzenli olduğu için öngörülebilir sebepleri ve tedavileri vardır.

Ya da insanların açlıktan ölmesi tabii ki iyi ve güzel değildir ancak sebepleri üzerine konuşulabilir. Ölen insanın vücudundaki tepkimeler incelenebilir. Nasıl düzeltilebileceği öngörülebilir. Mesela yemek yediğinde durumun düzeleceğini biliriz. Ağladığında, güneş altında uzandığında, içinden 100'e kadar saydığında -bunlar sonsuza kadar arttırılabilir- durumun düzelmeyeceğini bilirsiniz. Bu insanların kurtulabilmesi için ne kadar erzak ve ilaca ihtiyaç olduğunu saptayabiliriz. Ortalama bir insanın ne kadar sürelik bir açlıktan sonra öleceğini hesaplayabiliriz. Bunu bilmemizi sağlayan şey bir düzendir.

Yani aç kalan insanlar birdenbire anlayamadığımız ve anlamlandıramadığımız bir şekilde kaotik olarak ölmüyorlar. Ortada bir örüntü ve tutarlılık var ki biz elde ettiğimiz verilerle yukarıda saydığım pek çok faktörü bilebiliyor yahut üzerlerinde yüksek olasılıklı mantıklı tahminler yürütebiliyoruz. Olayın her parçasında olayla tamamen alakasız göreceğimiz sonsuz sayıda faktörün çalışmadığını da bilebiliyoruz.

BİLİM-DÜZEN İLİŞKİSİ

Bir evrende bilim yapılabilmesi için o evrenin düzenli bir yapısı olması zorunludur. Kaotik bir evrende bilim yapılamaz. Peki neden?

Bunun temel sebebi bilim yaparken belli başlı ön kabullerimizin olmasıdır. Eğer ön kabullerimiz olmazsa bilim yapamayız. Peki nedir bu ön kabuller?

1. İncelenen materyal aynı koşulların sağlandığı her yerde aynı şekilde hareket eder.
2. Doğa, dün bugün olduğu gibi hareket etti. Yarın da aynı şekilde hareket edecektir.
3. Gözlemlerimiz ve zihnimiz doğayı anlamaya elverişlidir. Yani doğa insan tarafından anlaşılabilirdir.
4. Bu düzen matematik dille ifade edilebilir.

Bu dört önerme bilimsel olarak gösterilebilir değildir. Ancak bilim yapılması için zaruri varsayımlardır. Tamamı da bir düzen anlatımıdır. Bilim bu düzeni varsaymadan yapılamaz.

Odada yüksekten bıraktığım bir kalem yere düşer. Gözlemi tekrarlayabilirim ve geçerli olduğunu müşahede edebilirim. Ancak Antartika'ya hiç gitmesem de orada da bırakılan kalemin yere düşeceğini varsayarım. Kalemin Antartika, Almanya ve Türkiye'de aynı şekilde hareket edeceğini varsaydıran şey bir düzen algısıdır.

Aynı kalemin MÖ. 3200 yılında da bırakılsa düşeceğini düşünürüm. Çünkü geçmişle bugünün aynı düzen içerisinde devam ettiğini varsayarım. Kalemin 2400 yılında da bırakıldığında düşeceğini düşünürüz. Bu elbette bir düzen varsaymaktır. Zaten bilimin en önemli fonksiyonu geleceğe doğru projeksiyon yapabilmesidir. Yani öngörüde bulunmasıdır. Bugün geçerli olan doğa yasalarının yarın geçerli olacağı varsayımı olmazsa bilim hiçbir işe yaramaz. Bugün onca emekle yaptığınız bilimsel deneyin yarın işe yarayacağını düşündüren bu varsayımdır. Bu elbette kâinatın düzenli olduğunu deneyden önce ön kabul olarak aldığınız anlamına gelmektedir.

Düzen olmasaydı bu varsayımların hiçbiri geçerli olmazdı. Oysa bilimin çalıştığını biliyoruz. 1920'de yapılan deneyler üzerinden oluşturulan bilimsel bilgiye dayanarak bugün teknoloji üretiyoruz. Tüm bunlardan sonra çıkıp "Evrende düzen müzen yok abicim, her şey kaostan ibaret." türevi söylemler gerçekten Türkiye'deki felsefi düzey açısından üzücüdür.

FİZİK VE KAOS

İfade ettiğimiz üzere bilim faaliyeti düzenin keşfi üzerine kurulmuştur. Ancak bilim felsefesinden bunca uzaklaşınca "kaos" kelimesinin kullanımından kafası karışan pek çok kişi yukarıda anlattığımız anlamda düzeni reddebileceğini zannetmiştir. Gözünün önünde gerçekleşen tüm düzenli olayları bir kelimenin anlamını karıştırması sebebiyle reddedebilen birinin sağduyulu düşünme yetilerinin ne derece köreldiğini gözlemek düşündürücüdür. Fizikte kaos ve düzen kelimelerinin değişimi hakkında Abbas Ertürk'ün sade ve anlaşılır bir dille kaleme almış olduğu makalesi oldukça faydalı olacaktır.[35]

Makalenin tamamının linkini vermek dışında bazı pasajları alıntılamamız faydalı olacaktır:

---

35. Abbas Ertürk, "Kaos Kuramı: Yönetim ve Eğitimdeki Yansımaları", *Kastamonu Eğitim Dergisi*, 2012, C.20, No.3, 849-868. https://dergipark.org.tr/tr/download/article-file/806986

"Bu bağlamda bakıldığında kaos, sistemlerin kendisinde değil, biz insanların algısındaki sınırlılıklardan dolayı vardır. Bir başka ifadeyle sistemler hem başlangıç noktasındaki değişkenlere hem de sisteme sonradan etki eden diğer değişkenlere hassas bir şekilde bağımlıdır ve bu şekilde işlemeye devam eder. Ancak insanoğlu, çok sayıdaki tüm bu değişkenleri kapsayacak kadar bir analiz metoduna sahip olamadığı için, sistemler hakkında öngörüde bulunamaz ya da yürüttüğü öngörüler hatalı sonuçlar verir. Kaos bu noktada doğar."

"Kaos terimi ilk olarak 1900 yılında bilim adamı Henri Poincare tarafından kullanılmıştır. Poincare, güneş sisteminin kararlı olup olmadığını ispatlamaya çalışmıştır. Bu çalışma sonucunda, güneş sisteminin hareketini belirleyen denklem sisteminin çözümünün başlangıç koşullarına hassas bağımlı olduğunu, ancak başlangıç koşullarının doğru olarak saptanamayacağı sonucuna varmıştır. Bu sonuç, güneş sisteminin kararlı olup olmadığının belirlenmesinin mümkün olmadığını göstermektedir. Poincare, bu kestirilemez ve belirlenemez durum için "kaos" terimini kullanmıştır. Bu sonuç, her olayı ölçebileceğini iddia eden klasik fizik kurama tamamen ters olup belirsizliği iddia eden kuantum kuramına uygun bir sonuçtur.

Poincare, doğadaki dinamik sistemlerde dikkatten kaçan küçük bir ayrıntının büyük sonuçlara neden olduğunu, bilim adamlarının böylesi durumları rastlantı olarak kabul ettiklerini vurgulamıştır (Akt: Mackey, 1999: 49; Latif, 2002:126). Rastlantı olarak açıklanan bu olaylar, aslında doğrusal olmayan olaylardır. Sonucunun da belirlenmesi mümkün olmadığından anlatımında, belirsiz, karmaşık ve kaos gibi ifadeler kullanılmıştır."

"Kaosun nedeni, geleceği tahmin etmek için gereken verilerin ve bu veriler arasındaki ilişkilerin yeterli düzeyde bilinmemesidir. Ayrıca bu veriler bilinse dahi bugünkü analiz teknikleriyle doğru sonucu elde edebilecek bir analizinin yapılması mümkün olmamaktadır. Verilerin sınırlı olması, süreci kestirilemez kılmaktadır."

"Kelebek etkisi, teknik bakımdan 'başlangıç koşullarına hassas bağımlılık' olarak adlandırılır (Gürsakal, 2003). Bu örnek Edward Lorenz tarafından yapılandırılmıştır. Lorenz bu örneği 'Pekin'de kanatlarını çırpan bir kelebeğin havada oluşturduğu dalgaların gelecek ay New York'ta fırtınaya neden olabileceği' şeklinde ifade etmektedir. Bu kavram, küçümsenecek veya dikkatten kaçan herhangi bir olayın çok daha büyük olaylara neden olabileceğini ifade eder. Çobanoğlu'na (2008: 113) göre, sistemleri kararlı hâlden uzaklaştıran faktör kelebek etkisi faktörüdür. Kelebeğin kanat çırpması gibi birçok küçük değişiklik artarak devem etmesi durumunda sistemleri statik durumundan çıkarır."

"Kaos kuramının ilgilendiği bir başka soru da kaosun düzenidir. Gleick'e (2000:25) göre kaos kuramında, tüm karmaşık, düzensiz ve formüle edilemeyen veriler içinde güzel, düzenli ve sağlam bir yapı vardır. Aynı düzensizlik içindeki düzeni Morgan, 'iç ve dış dalgalanmalar nedeniyle kaosa sürüklenen her türlü karmaşık sistemlerde yeni bir düzenin olduğu' şeklinde ifade etmektedir (1998: 296). Barnsley'e göre kaosun bu düzeni fraktal yapılarla gösterilmektedir. Fraktal yapılar, geometrik olarak "basit" uzayların 'karmaşık' alt kümelerini inceler."

"Kaos ve belirsizlik, tüm bilim dalları için geçerlidir. Nedeni ise, herhangi bir olay hakkında öngörüde bulunmak için gereken değişken sayısının çok fazla olması ve tüm değişkenlerini içeren bir sistemin oluşturulmasının imkânsız olmasıdır."

Tüm bu pasajlardan anlaşıldığı üzere burada kaos kelimesi yukarıda aktardığımız düzen kelimesinin reddini ifade etmekten uzaktır. Sadece fazla girdi ya da hesaplanamaz küçüklükteki girdiler sebebiyle düzenin tam olarak hesaplanmasının zorluğunu ya da imkânsızlığını ifade etmektedir. Burada sadece kelime benzeşmekte ve kaos kelimesi "henüz hesaplanmamış ya da hesaplanamayan düzen" anlamında kullanılmaktadır. Bu bizim incelediğimiz konuda düzenin reddi anlamına gelmeyecektir.

HASTALIK-DÜZEN İLİŞKİSİ

Evrendeki düzene yüzlerce farklı alandan örnekler getirilebilir. Bir tıp doktoru olarak ben kaos-düzen incelemesine tababet nazarı ile tekrardan bakmakta da fayda görüyorum. Özellikle branşım üzerinden kaos iddialarının incelenmesi faydalı olacaktır. Zira tıp yaşayan her insanın kendisi hakkında belli düzey bilgilerinin olduğu ve onunla hiç ilişki kurmadan yaşayamayacağı bir sahadır. Bu örneklerin bazı insanlara fizik ve kimyada olduğu gibi tamamen anlaşılmaz gelmesini önleyecek bir durumdur. Herkes tıbbi örnekleri belli düzeyde de olsa anlayacaktır.

Evrende bir düzen olduğunu kabul eden pek çok kişi genelde insan fizyolojisinden bahseder. Gerçekten de insanın yapısı inanılmazdır. İnsan vücudundaki ayrı ayrı pek çok sistemin çok kompleks yapı içerisindeki harikuladeliği baş döndürücü bir mahiyet arz eder. Böbreklerin çalışması, akciğerler, küçük bez parçalarının tüm vücuda tam ölçülü şekilde hormon salgılaması, nöronların işleyişi... Bu saydığımız sistemlerin hepsi ayrı ayrı çok büyük ve inanılmaz düzen örüntüleridir.

Fakat ben bu kısımda sağlıklı insanın fizyolojisinden değil hastalıklar üzerinden konuşmak istiyorum. Düzeni hastalıklar üzerinden konuşmak istemememin 2 temel sebebi var: İlk olarak hastalıkların varlığı pek çok kişiye göre bir düzensizlik ve kaos örneğidir fakat ben bunun böyle olmadığını, tam aksine hastalıkların bir düzen içerisinde olduğunu göstereceğim. İkinci olarak ise insan fizyolojisinin nasıl çalıştığıyla alakalı internette veya kitaplarda pek çok kaynak bulabilir, gerçekten etkileyici bilgilere ulaşabilirsiniz. Ancak hastalığın düzeni doktor olmayan bir insan için kolay kavranabilir değildir.

Evet, temel sorumuzu soralım. Hastalıklar düzenli bir yapıda mıdır, yoksa kaotik bir yapıda mıdır?

Genel olarak bir hastalığa tedavi bulma amacı güden veya özelde bir şahsın hastalığını anlayıp tedavi etme amacı güden her klinik çalışma bir düzen varsayar.

Tıp adı verilen branş A, B, C, D özelliklerine sahip bir tablodan genellemelere X hastalığını teşhis etmek üzerine kuruludur. Örneğin öksürük, boğaz ağrısı, burun akıntısı varsa üst solunum yolu enfeksiyonu düşünülür. Formüle edecek olursak:

A: Öksürük

B: Burun akıntısı

C: Boğaz ağrısı

X: Üst solunum yolu enfeksiyonu

Şimdi A, B, C'yi gördüğümüzde X'i düşünürüz. Ancak elbette hiçbir bilim bu kadar basit çalışmaz. Her zaman sık rastlanan hastalıkların daha nadir görülen istisnaları bulunur. Bu yüzden doktorlar kan testi yaparlar, fizik muayene yaparlar, detaylı hasta öyküsü alırlar. Burada aslında A, B, C'den oluşan örüntüyü ABCHGYTRM gibi daha fazla veriye dayanan forma çevirmeye çalışırlar.

ABCHGYTRM örüntüsünde H dediğimiz şey akciğer seslerinin normal olması olsun. H aslında bir dışlamadır. Yani akciğer sesleri bozuk değil. Burada akciğer seslerinin bozuk olmasına Z desek örüntünün A, B, C, Z diye devam etmesi başka bir tabloya doğru gittiğimizi gösterir.

Tıp bu tekrarlayan örüntülerin incelenmesinin adıdır.

Bu sebeple "Tırnağıma kıymık battı." diyerek hastaneye giderseniz hiçbir doktor kalp krizi tahlilleri yapmaz. Hakeza tedaviler de buna benzer şekilde şablonlanmıştır. Örneğin ABCHGYTRM örüntünüze "Akciğer enfeksiyonu" denildiğini düşünün. Bu örüntü şikâyetlerden oluşmasına rağmen etken hakkında bir fikir verecektir. Yani bir bakteri ya da virüsün bu örüntüyü oluşturduğu bilgisine ulaşmış oluyoruz. Örüntünün içerisinde olmayan bir dış sebebe örüntünün gösterdiği tablo sayesinde ulaşıyoruz. Çünkü bu tablo aynı örüntüyü gösteren diğer hastalarda aynı etkeni bulmamızı sağlamıştır. Biz bu tekrarı bir düzen örneği olarak kabul edip daha önce hiç görmediğimiz ve hiç incelemediğimiz bir hastada da aynı tablonun aynı etkenden ortaya çıkacağını varsaymış oluruz. Aynı varsayım klinik yönergeler ve tedavi protokolleri oluşturtur. Çünkü tüm insanlarda bu tablonun bu etkene işaret edeceği varsayılır.

Bu yüzden doktor açık bir tablodaki tekrara rağmen doğru tedaviyi uygulamasa ve hastası ölse hukuken sorumlu olur. Diyemez ki "Dünya kaotiktir, hastanın ne olacağını ben ne bileyim." Çünkü hukuk da bu düzeni varsayar. Zaten düzeni varsaymayan aklı başında insan bulamazsınız. Düzeni varsaymadan çalışan bir sistemi bulamazsınız. Örneğin etiğe dönseniz "Ben falan adama ateş ettim ama evren kaotik olduğu için onu öldüreceğini nereden bileyim. Bu sebeple yaptığım davranış ahlaksızlık değildir." gibi bir savunma elbette bulamazsınız.

Örneğin: Acil serviste çalışan bir hekime babanızı sol kol ve göğüs ağrısı şikâyeti ile götürseniz. Babanızın 60 yaşlarında şeker ve tansiyon hastası olduğunu daha önce 3 defa kalp krizi geçirmiş birisi olduğunu, bu ağrısının da daha önceki kalp krizi geçirdiği zamanki ağrısı ile aynı olduğunu hekim soru-cevapla öğrense ve grip ilacı reçete edip gönderse bu sizi tatmin eder mi? Tabii ki etmez. Babanız kalp krizinden ölse hekim etik olarak görevini yapmamış ve hukuken de sorumlu olur mu? Tabii ki evet. Hekim tüm bunlara cevaben "Kâinatta hiçbir düzen yok abicim." dese ne düşünülür?

Tüm bunlar bir düzenin anlatısıdır.

Tıpta bazen de a-tipik denilen sık görünmeyen vakalar olur. Örneğin çene ağrısı ile kalp krizi geçirilebileceği literatürde kayıtlıdır. Bunlar düzensiz midir? Elbette hayır. A-tipik vakalar daha nadir görülen örüntülerdir. Bu yüzden bu nadir durumlara karşı literatürde uyarılar bulunur. Örneğin tıp fakültesi temel bilgisi olarak çene ile göbek deliği arasındaki her ağrıda kalp krizinin akla gelmesi gerektiği bilgisi gibi. Bu bir düzendir ancak sık gözlenmeyen nadir bir düzendir. Ancak hiçbir tıp bilgisinde ayak parmağı kaşıntısı kalp krizi düşündürmez. Bazen düzen keşfedilememiş de olabilir. Ancak daha önce anlattığımız gibi bilim düzeni bulma çabasıdır. Bilimsel çalışma zaten keşfedilememiş düzenleri keşfedebileceğini düşünerek devam eden bir iştir.

Nadir vaka şöyle düşünülebilir: ABCDEFHGJLEŞTY gibi her biri bir özellikten oluşan bir tablo bulduğumuzu düşünelim. Bu tablo hastalıkların %1'inde görülüyor olsun. Bu tabloda bir sonraki tetkik aslında aynı tablonun W, X, Z'den hangisi ile devam ettiğini kestirebilmek için yapılır. ABCDEFHGJLEŞTY(W) tablosu ile ABCDEFHGJLEŞTY(X) tablosu farklı tablolardır. Bu yüzden ileri tetkik ve tedavi yapılır. Tablodaki harf sayısı arttıkça hastalığın toplumda görünme sıkılığı azalır. ABCDEFHGJLEŞTY tablosunun toplumda görülme sıklığı %1 iken ABCDEFHGJLEŞTY(W) tablosu %0,1 olabilir. Bu yüzden nadir vakalar daha zor çözülür ancak düzenden bağıntısız değildir.

Aslında hastalığın bir düzensizlik gibi algılanması da biraz bundandır. Bir hastalık konusunda normal insanların bünyesinin %99'u bir şekilde çalışıyorsa tıp hasta olanla ilgilendiği için o %1 ile meşgul olur gibi düşünülebilir. Elbette orantılar hastalıktan hastalığa değişir. Kolay anlaşılması için böyle örneklendiriyorum. Bu anlamı ile tıp düzensizlik zannedilen düzenli şeylerin yani hastalıkların düzeninin incelenmesidir.

Tıbbi literatüre ait her çalışma "Ben falan hastalığın düzenini keşfettim. Bu tabloya sebep olan hastalığa isim koydum, etkenini buldum ya da tedavisini öngördüm." deme gayretidir. En nihayetinde düzeni daha iyi kavrayan daha iyi doktordur. Kaos olsa doğru teşhis-yanlış teşhis, başarılı tedavi-başarısız tedavi, iyi doktor-kötü doktor gibi şeylerden nasıl bahsedilebilir.

Aslında nihayetinde bilgisizlik düzensiz zannetme sebebidir. Zira konunun cahili olan için örüntüler bilinmemektedir. O her şeyi rastgele zannetmeye meyillidir. Hangi konunun cahili isek onda daha fazla düzensizlik bulmaya meyilliyizdir. Örneğin satranç bilen birinin algıladığı düzenle bilmeyenin o oyunda anladığı düzen aynı değildir.

Hastalıkların düzensizlik gibi gösterilmeye çalışılmasının bir diğer sebebi iyi-kötü, güzel-çirkin algıları ile düzenli-düzensiz algısının karıştırılmasıdır. Buna önceki sayfalarda kabız olan insan örneğini vermiştik. Kabız olmak iyi bir şey değildir, dışkı çirkindir ancak olay düzenlidir. Yani bir şey kötü ve çirkin görünürken de düzenli olabilir. Kötü ya da çirkin bir şey bulunca düzensiz bir şey bulduğunu zannetmek hatadır.

Bana sorarsanız Türkiye'de bu söylemin yaygınlaşmasının sebebi sadece cehalet ya da ahmaklık değildir. Yeni ateizm dinleri savaşılacak bir şey olarak gördüğü için her konuda din aleyhine olanı söylemeyi bir maharet zannediyorlar. Bu onların böylesi absürt pozisyonları da savunuyor hâle gelmelerine sebep oluyor.

Elbette onların söylemlerinin özellikle yarı okumuş kesimde karşılık bulabilmesi cehalet kaynaklıdır. Mesela sağduyulu ancak hiçbir şey bilmeyen sıradan halk gündelik hayatında sürekli müşahede ediyor olduğu düzeni inkâr eden insanlara cevap veremese de içten içe bunu kabul etmez. Bir domatesin nasıl yetiştiğini bir çocuğun nasıl büyüdüğünü görmüştür çünkü. Ne ciddi inceleme yapan insanlar ne de normal insanın sağduyusu bu saçmalığı kabul etmeye meyilli değildir.

NEDEN BÜTÜN PEYGAMBERLER ORTADOĞU'DAN?

Bu soru kademe kademe ortaya atılmaktadır. Bazen kendini bilen bir soru formundadır: "Neden Kur'an'da anlatılan tüm peygamberler Ortadoğu'dan çıkmıştır?" gibi. Bazen daha az bilgiyle gelen bir soru formundadır: "Tüm peygamberler neden Ortadoğu'dan çıkmıştır?" Bazen ise aşağıdaki görseldeki gibi soru formunda değil tüm kibirli avamiliğiyle direkt bir çürütme anlamı taşıdığı zannedilir.

Bu görsel sık sık sosyal medyada dolaşır ve neredeyse meşhur bir hâldedir.

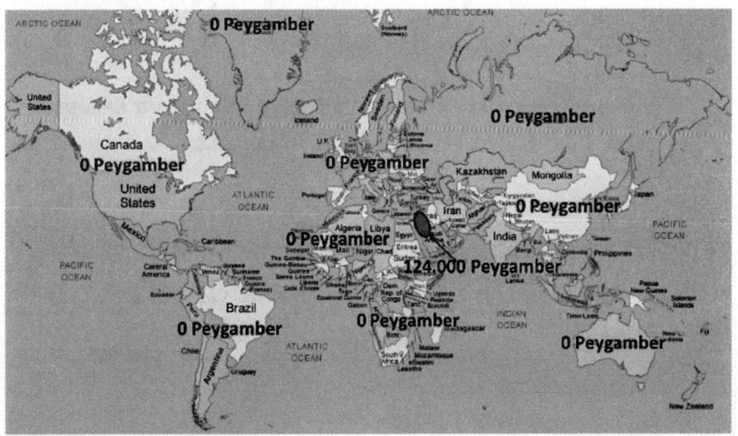

Öncelikle en ofansif sorudan başlayarak makul soruya doğru bir yol izlemek sanırım faydalı olacaktır:

En ofansif olanı argüman şeklinde açımlayacak olursak:

1. Kur'an'da sadece Ortadoğu'daki peygamberlerin adı sayılmaktadır.
2. İslam'a göre Kur'an'da adı geçenlerden başka peygamber yoktur.
3. O hâlde İslam'a göre tüm peygamberler Ortadoğu'dandır.
4. Oysa İslam tüm dünyaya hitap eden bir din olduğu iddiasındadır.
5. O hâlde İslam hatalıdır.

Birinci öncül üzerinde Zülkarneyn, Mısır'a dair anlatılar üzerinden tartışma yapılabilecek olsa dahi bu argüman örgülerini çürütmek için buna ihtiyaç yoktur. 2. ve 3. önerme öylesine açıkça hatalıdır ki bizim birinci önerme ile uğraşmamıza gerek bırakmamıştır.

وَرُسُلاً قَدْ قَصَصْنَاهُمْ عَلَيْكَ مِنْ قَبْلُ وَرُسُلاً لَمْ نَقْصُصْهُمْ عَلَيْكَۜ وَكَلَّمَ اللّٰهُ مُوسٰى تَكْلِيماًۚ

"Bir kısım peygamberleri sana daha önce anlattık, bir kısmını ise sana anlatmadık. Ve Allah Musa ile gerçekten konuştu."[36]

وَلَقَدْ اَرْسَلْنَا رُسُلاً مِنْ قَبْلِكَ مِنْهُمْ مَنْ قَصَصْنَا عَلَيْكَ وَمِنْهُمْ مَنْ لَمْ نَقْصُصْ عَلَيْكَۜ وَمَا كَانَ لِرَسُولٍ اَنْ يَأْتِيَ بِاٰيَةٍ اِلَّا بِاِذْنِ اللّٰهِۚ فَاِذَا جَٓاءَ اَمْرُ اللّٰهِ قُضِيَ بِالْحَقِّ وَخَسِرَ هُنَالِكَ الْمُبْطِلُونَۚ

---

36. Nisa, 4:164.

"Andolsun, senden önce de peygamberler gönderdik. Onlardan sana kıssalarını anlattığımız kimseler de var, durumlarını sana bildirmediğimiz kimseler de var. Hiçbir peygamber Allah'ın izni olmaksızın herhangi bir ayeti kendiliğinden getiremez. Allah'ın emri gelince de hak uygulanır ve o zaman bâtılı seçenler hüsrana uğrayacaklardır."[37]

Bu iki ayet yorumlamamıza gerek duymayacak şekilde açıktır. Birinde "Bir kısım peygamberleri sana daha önce anlattık, bir kısmını ise sana anlatmadık" diğerinde ise "Onlardan sana kıssalarını anlattığımız kimseler de var, durumlarını sana bildirmediğimiz kimseler de var." İbareleri ile sarahaten Kur'an'da adı geçenler dışında peygamberler olduğu anlatılıyor.

Yani bir kişi gelip "milattan önce 3000 yılında Fransa'da peygamber var mıydı?" diye sorarsa bu iki ayete dayanan İslami cevap "elbette olabilir" olacaktır. Şimdi az önce sıraladığımız argüman dizgesi 2.öncülün açıkça hatalı olması sebebi ile çökmüştür.

Bu itirazları ile ukala bir tavırla İslam'ı çürüttüğünü zannedenlerin cehalet seviyesi ilgi çekicidir. Zira koca bir metni henüz içeriğine hakim değilken çocukça bir söylemle çürüttüğünü zannetmek ahmaklara yakışan bir kibirdir. Zira ahmağın kibri tedbirsiz olur.

Aslında incelemeye devam etmemizi gerektiren bir durum kalmamıştır. Ancak 3. Öncülü de inceleyip sonrasında daha makul olan soruları cevaplamaya çalışacağız.

İSLAM'A GÖRE TÜM PEYGAMBERLER ORTADOĞU'DAN MIDIR?

Hayır her coğrafyaya peygamber gönderilmiştir.

---

37. Mü'min, 40:78.

وَلَقَدْ بَعَثْنَا فٖى كُلِّ اُمَّةٍ رَسُولًا اَنِ اعْبُدُوا اللّٰهَ وَاجْتَنِبُوا الطَّاغُوتَۚ
فَمِنْهُمْ مَنْ هَدَى اللّٰهُ وَمِنْهُمْ مَنْ حَقَّتْ عَلَيْهِ الضَّلَالَةُۜ فَسٖيرُوا فِى
الْاَرْضِ فَانْظُرُوا كَيْفَ كَانَ عَاقِبَةُ الْمُكَذِّبٖينَ

"Andolsun ki biz her ümmete, 'Allah'a kulluk edin, sahte tanrılardan uzak durun.' diyen bir elçi gönderdik. Onlardan kimini Allah doğru yola iletti, kimileri de saptırılmayı hak ettiler. Yeryüzünü dolaşın da hak dini yalanlayanların akıbetinin ne olduğunu görün."[38]

اِنَّا اَرْسَلْنَاكَ بِالْحَقِّ بَشٖيرًا وَنَذٖيرًاۜ وَاِنْ مِنْ اُمَّةٍ اِلَّا خَلَا فٖيهَا نَذٖيرٌ

"Muhakkak ki biz seni hak ile hem bir müjdeci hem bir uyarıcı olarak gönderdik. Hiçbir ümmet de yoktur ki, içlerinde bir uyarıcı geçmiş olmasın."[39]

Bu ayette Allah her ümmete bir peygamber gönderdiğini söylemektedir. Bu ayetlerin geldiği dönemde Arabistan'daki insanlar dünyanın Ortadoğu'dan ibaret bir yer olmadığının, uzak mesafelerde pek çok farklı ülke olduğunun farkındaydı. Bu ayet onlara söylenildiğinde bu ayeti kabul etmeleri, o uzak ülkelerde yaşayan topluluklara da geçmişte peygamber gönderildiğine iman etmelerini gerektirir.

ثُمَّ بَعَثْنَا مِنْ بَعْدِهٖ رُسُلًا اِلٰى قَوْمِهِمْ فَجَٓاؤُ۫هُمْ بِالْبَيِّنَاتِ فَمَا كَانُوا
لِيُؤْمِنُوا بِمَا كَذَّبُوا بِهٖ مِنْ قَبْلُۜ كَذٰلِكَ نَطْبَعُ عَلٰى قُلُوبِ الْمُعْتَدٖينَ

38. Nahl, 16:36.
39. Fatır, 35:24.

> "Onun ardından da birçok peygamberi kendi topluluklarına gönderdik; onlara açık mucize getirdiler. Fakat onlar daha önce (atalarının da) yalan saydıklarına bir türlü inanmak istemediler. Sınırı aşanların kalplerini işte biz böyle mühürleriz."[40]

Bu ayette de peygamberlerin kendi kavimlerine gönderildiğinden bahsedilmiştir. Ortadoğu'daki bütün halklar kendileri dışında dünyada başka halklar olduğunu biliyordu. En basitinden hepsi İran ve Roma'nın varlığından haberdarlardı ve buralarla ticaret yapıyorlardı.

Bu iki ayetin direkt lafızlarından ve bu durumdan kolayca anlaşılacağı üzere İslami anlatı hiçbir döneminde "Tüm peygamberler Ortadoğu'dan çıkmıştır." gibi bir iddiayı savunmamış, bilakis bunun tam tersi olacak şekilde Müslümanlar tüm ümmetlere peygamber geldiğine inanmış ve bunu savunmuştur.

Bu da şu sırayla verilen argümantasyonda 2. önermeden sonra 3. önermenin de çökmesi anlamına gelmektedir.

1. Kur'an'da sadece Ortadoğu'daki peygamberlerin adı sayılmaktadır.
2. İslam'a göre Kur'an'da adı geçenlerden başka peygamber yoktur.
3. O hâlde İslam'a göre tüm peygamberler Ortadoğu'dandır.
4. Oysa İslam tüm dünyaya hitap eden bir din olduğu iddiasındadır.
5. O hâlde İslam hatalıdır.

Burada 2 numaralı önermenin doğrusunun "İslam'a göre Kur'an'da adı geçenlerden başka peygamber vardır." 3 numaralı

---

40. Yunus, 10:74.

önermenin doğrusunun "İslam'a göre tüm peygamberlerin Ortadoğu'dan olmadığı belirtilmiştir." şeklinde olacağını göstermiş bulunmaktayız. Dolayısıyla bu kıyas çökmüştür.

Geriye tek bir soru kalmaktadır. Bu soru elbette İslam'ı çürütme maksatlı olamaz. Zira İslam içerisinde bir tutarsızlık gösterme iddiası kalmamıştır. Belki bir hikmet sorma anlamına gelebilir. Soru şudur: "İslam diğer coğrafyalara peygamber gönderildiğinden bahsetmiş ve tüm peygamberlerin adını bildirmediğini de söylemiştir. Peki bunun sebebi nedir?"

NİÇİN SADECE BELLİ BİR COĞRAFYAYA GELEN PEYGAMBERLERDEN SÖZ EDİLMİŞTİR?

1400 yıl geriye bakan bir göz hayatı kendi yaşadığı çağdan ibaret zannedebilir. 23 yıllık bir süre 1400 yıla kıyas edildiğinde sanki bir an gibi değerlendirilir. Burada yapılan hata biraz böyledir. Kur'an 23 yılda nazil olmuş bir kitaptır. Bir toplumu bütün hâlinde çalkalamış ve 23 yılın sonunda onu baştan aşağı değiştirmiştir. 1.yılda tamamen zayıf ve iki elin parmağı kadar inananı olan bir din 23 yılda nazil olan bu kitabın önderliğinde 23. yılında Doğu Roma İmparatorluğu'na karşı savaşmak için bir ordu toplamıştır. Muhammed (a.s.) bu ordu yola çıktığında vefat etmiştir.

Bugünden geriye bakıldığında bu 23 yıl her ne kadar bir ana indirgeniyor olsa dahi biraz sakin düşünüldüğünde fark edilen gerçek, bu sürecin oldukça çalkantılı ve hızlı ilerleyen bir süreç olduğudur. Bu girizgahı neden yaptık?

Kur'an 1. yıldan itibaren kıssa anlatılarında ve öğütlerinde 23. yılda Doğu Roma İmparatorluğu ile mücadele edecek olan toplumu eğiten bir kitaptır. Kur'an'daki kıssa anlatıları masal değildir. Birer eğitim aracıdır. Orada peygamberlere yapılan atıflar dikkatli bir gözle okunduğunda "Bakın şu peygamberin başına gelen şu an sizin de başınıza geliyor. Sabredin, sevinin ya da şöyle davranın." anlamlarına gelmektedir.

Bu kıssaların amacı peygamber listesi vermek değildir. Bu Kur'an'ı Tevrat metninden ayıran en önemli özelliktir. Tevrat metninden farklı olarak Kur'an peygamberlerin yaşadıkları kronoloji ya da soy ağaçları ile ilgili birinci dereceden bilgi verme kaygısı gütmez. Orada ana hedef eğitimin unsuru olan mesajdır. Bu eğitimin başarılı olduğu ise 23. yılın sonunda ulaşılan duruma bakıldığında açıkça ortadadır. *Peygamberliğin İspatı* isimli eserimizin "Fetanet Delilleri" bölümünde iki yüz sayfaya yakın bir uzunlukta gayrımüslimlerin itiraflarıyla bu başarıyı serimlemeye çalıştık.

Gaye eğitimse muhatapların tanıdığı ve bildiği coğrafyalardan örnekler getirmekten daha doğal ne vardır? Kolayca anlamak için o çağda Arap coğrafyasında yaşayan birisi olarak kendimizi düşünebiliriz. Kur'an sürekli adını bile anlayamadığımız, varlığını bile bilmediğimiz coğrafyalardaki "peygamber olduğunu söylediği" kişilerin hayatlarından örnekler getiriyor, Çin'de adını bile söyleyemediğiniz bir peygamberden bahsediyor, varlığını bile bilmediğiniz bir coğrafya olan Amerika'da bir peygamberin öyküsünden size mesaj veriyor olduğunu düşünün. Bu elbette sizi etkilemez ve saçma gelirdi. 23 yılın sonunda da o başarıları elde edemezdiniz. Kur'an-ı Kerim'in

قُلْ سِيرُوا فِى الْأَرْضِ فَانْظُرُوا كَيْفَ كَانَ عَاقِبَةُ الْمُجْرِمِينَ

"De ki: 'Yeryüzünde gezip dolaşın da suçlu günahkârların nasıl bir sona uğradıklarını görün.'"[41]

---

41. Neml, 27:69.

Diyebilmesini sağlayan muhataplarının bunları duymuş olmasıdır. Bu kavimler ve akıbetleriyle ilgili her detayı bilmiyor olsalar dahi onlara ismen tamamen yabancı değildi.

Kur'an, muhatabını kale aldığı için muhataplarına göre konuşur. Eğer bir peygamber geliyorsa muhatapların durumunu ciddiye alması gayet doğaldır ve hatta olması gerekendir. Aksi hâlde muhatapları ciddiye alarak eğitmeyecekse peygamber gelmesinin ne anlamı olurdu ki? Kur'an gökten iki kapak arasında mushaf olarak son hâliyle inebilirdi.

Kaldı ki bugün bu itirazı öne sürenler; muhataplarını kale almayan, nazil olduğu toplumun bile anlayamadığı bir kitaba bu çağda nasıl iman edebilirlerdi? Bu, "Her hâlükârda iman etmem." demek değil midir? İman etmeye şart olarak koşulan şey, iman edemeyecekleri durumda olmaları gibi bir anlama çıkıyor. Kur'an muhatablarını ciddiye almadığında da aldığında da iman etmemiş oluyorlar.

Zannediyorum İslami anlatı içerisinden böyle bir itiraz çıkarmaya pek müsait bir durum olmadığı anlaşılmıştır.

Konuya ilintili bir başka soru şu olabilir: İslami metinler dışında İslam'daki anlatıyı aktaran bir şeyler bulabiliyor muyuz?

İSLAMİ METİNLER DIŞINDA PEYGAMBERLİK VAR MI?

Burada bizim net bir ifade kullanarak "Şu çağda filan coğrafyada şu kişi peygamberdir." dememiz imkânsızdır. Bunu net bir şekilde söyleyebilmeyi imkânsız kılan bazı kısıtlılıklar vardır.

1. Tarihî veri kaynaklarımız çok eskiye gitmez. Antik toplumlarda yazılı kaynağı en fazla olan toplum Yunan toplumu-

dur. Onda dahi belli bir çağa gelene kadar müdahale edilmemiş kaynak sayısı oldukça azdır.

2. Tarihî kaynağın olduğu dönemlerin öncesi ile ilgili bir şey söylemek zaten imkânsızdır. Kaynağın olduğu dönemlerde dahi biyografik kaynak yok denilecek kadar azdır. Örneğin tam bir Sokrates biyografisi onca kaynağa rağmen mümkün değildir. Bugün zaten bu konu tartışılmaktadır. Platon'un Sokrates'i her ne kadar meşhur olduğu için kabul görse dahi alternatif pek çok Sokrates anlatısı vardır. Örneğin Konfüçyüs'ün konuşmaları pek çok müdahaleye maruz kaldığı gibi hayatı da muammadır. Buda hakeza böyledir. Bakınız şu an MÖ. 6.yüzyılda bölgesinin en ünlü şahsiyetleri hakkında bile veri akışı böyle sağlıksızdır. "MÖ. 1200 yılında Norveç'te kim peygamberdi?" sorusu elbette saçma sapan bir sorudur. Bu soruyu soran kişiye "MÖ. 1300 yılında Norveç'te ya da Amerika'daki yöneticinin adı nedir? Nasıl biriydi?" diye sorsak bu kişi cevap veremez. Onun bu cevap verememesinden "Norveç'te hiçbir yönetici yoktur." sonucuna varmam saçma olur zira tarihî veri akışı yetersizdir. Ben böylesi sorulara "MÖ. 1600 yılında Amerika kıtasında yaşayan bir kişinin adını ve hayatını anlat sonra ben cevap veririm." gibi cevaplar vermeyi tercih ediyorum.

3. Peygamberlerin hayatlarının yazıya geçecek kadar toplumsal yankı uyandırması gerekmez. Kur'an'da tutarsızlık iddiası ortaya atılmaya çalışılıyorsa Kur'an çoğu peygamberin ciddi takipçi kitlesine ulaşamadığını zaten anlatmaktadır. Bu durum, biyografik veri eksikliği kaynaklı olarak, bizden "Peygamber şu!" dememiz beklentisinin anlamsızlığına işaret eden bir diğer yöndür.

Tüm bu anlattıklarımızdan ve biyografik güvenilir kaynak yetersizliğinden "Şu şahıs peygamberdir." demenin imkânsız olmasının sebepleri anlaşılmış oldu. Sorunun devamının şöyle olması mantıklı olacaktır:

"O hâlde İslam'ın Hz. Âdem'den (a.s.) itibaren var olan bir din olduğu, gelen tüm peygamberlerin İslam'ı anlattığı şeklindeki anlatıya neden inanılsın?"

Öncelikle şunu söylememiz lazım ki bunu delillendirmemiz bizim açımızdan mutlak bir zorunluluk değildir. Zira hiçbir tarihî veri olmayabilirdi ve biz buna haberî olarak inanıyor olabilirdik. Haberî olarak inanmak Hz. Muhammed'in (a.s.) bildirmesi sebebi ile anlamındadır. Zira Hz. Muhammed'in (a.s.) nübüvvetini rasyonel bir yolla ispatladıysak ondan gelen bilgiye güvenilir bilgi olarak bakmamız fideist bir tavır değildir. Biz peygamberliğin rasyonel ispatını *Peygamberliğin İspatı*'nda yaptığımızı zannediyoruz.

Ancak delil yükümlülüğümüz çok güçlü olmasa bile yine de bu delillendirilemez bir konu değildir.

DÜNYANIN HER YERİNDE İSLAM VAR MIYDI?

Bir önceki soru ile ilintili bir durum olarak muayyen biyografi yetersizliğinden falan şahıs peygamberdir diye gösteremiyor olsak dahi tüm dünyada ortak olan mit örüntülerinden ortak bir dini anlatı sonucuna çıkmak mümkündür.

Bilindiği üzere dünya mitlerinde ortak anlatılar vardır. Tufan anlatısı, yaratıcı bir ilah tasavvuru, sırat köprüsü, cennet ve cehennem anlatıları gibi. Örneğin Nuh Tufanı benzeri bir anlatı ABD'deki maya mitlerinde, Norveç mitlerinde ve Türk mitlerinde vardır. Bu coğrafyalar bugün küçük görünebilir ancak bu insanların birbirleri ile görüşmelerini bırakın birbirlerinin varlığından bile haberleri yoktu.

Bilindiği üzere Sümer mitleri ile İslam arasındaki benzerliklerden yola çıkarak "İslam, Sümer mitolojisinin gelişkin versiyonudur. Bir Ortadoğu mit örgüsüdür." diye yaygara koparan kişiler bugün yaygın. Oysa dinî anlatının böyle olması gayet doğal ve hatta olması gereken bir şey zira biz Hz. Âdem'den beri İslam'ın olduğuna ve insanların bu öğretiyi bozduğuna inanıyoruz. Bulduğumuz vakıa bu inancımızla uyumludur. Tüm coğrafyalarda dinî benzerlikler mevcuttur. Eğer bu mit benzerlikleri olmasaydı bu sefer muhataplarımız "İslam Âdem'den beri var diyorlar oysa hiçbir yerde onun benzeri bir anlatı yok -haşa- belli ki bu Hz. Muhammed'in hayal dünyasının ürünüdür. Öyle değilse gösterin nerede var benzeri?" diyeceklerdi.

Kendilerini öyle bir pozisyona sokuyorlar ki olgu ne olursa olsun sonuç inanmama oluyor.

1. Mitlerle benzerlikler varsa – "İslam eski mitlerden çalıntı bir mittir."
2. Mitlerle benzerlikler olmasaydı – "Hani gösterin işte hayal ürünüdür." diyeceklerdi. Aslında bu düşünsel değil inatçılıkla takınılan bir pozisyondur.

SON BİR İTİRAZ

Muhalifimiz bize şunu söyleyebilir: "Senin öğretin şu hâliyle muğlak bir konumda ve çürütülemez." Biz de deriz ki "sen de muğlak olmayan bir kısma saldır. Kazanamayacağın bir yerden saldırmak senin strateji hatan."

Bir Protestan dese ki, "Ben Allah'la konuşuyorum, Allah da bana cevap veriyor, ben bunu hissediyorum." Bu onun yaşadığını iddia ettiği öznel bir tecrübedir. Ben onun söylediğine karşılık olarak desem ki, "Hayır sen yalancısın, böyle bir şey hissetmiyorsun." Bu söylediğim şeyi ispatlayarak onu çürütebilir miyim? Elbette hayır. Zira onun öznel tecrübesinin aksini nasıl gösterebilirim?

O hâlde ne yaparım? Hristiyanlığı oradan çürütmeye çalışmam. Başka bir alan ararım. Muhatabımız hem tarihî verinin az olduğu bir alandan öğreti içi tutarsızlık göstermeye çalışarak İslam'ı çürütmeye çalışıyor, hem de "Buradan İslam çürütülemez, çok muğlak." diye sızlanıyor. Maalesef yanlış konu seçen muhatabımızdır.

Çünkü ben İslam'ı ispatlamaya çalışıyorum dediğimde delili öne sürmesi gereken kişi benim. Muhatap, İslam'ı çürütmeye çalıştığında ise delili öne sürmesi gereken kişi odur. Onun İslam'da iç tutarsızlık gösteremediğini açıkladık. İç tutarsızlık gösteremediğinde dış veri ile çürütmeye çalışması gerekmektedir. Ancak orada da tarihî veri yetersiz. Sonra da buradan İslam çürütülemez diye hayıflanmak garip bir tavır olacaktır.

Muadili olacak şekilde bizim olmayacak bir yerden İslam ispatı yapmaya çalışıp "Ama burası çok muğlak, buradan İslam'ı ispatlayamam." diye sızlandığımızı düşünün. Buna kim itibar ederdi? "Ne yapalım oradan ispatta bulunamıyorsan sen de ispatta bulunabileceğini düşündüğün konuya geç." denilmesinden daha doğal ne olurdu?

Muhatabımızın durumu böyledir.

Özetle

1. Kur'an'da bütün peygamberlerin adı zikredilmemiştir.
2. Kur'an'a göre peygamberler sadece Ortadoğu'ya gelmemiştir.

3. Bu soru İslami anlatıda bir iç tutarsızlık oluşturamamıştır.
4. Kur'an'da, Ortadoğu'daki peygamberlerin örnekliğinin kullanılması muhatap alınan toplumu eğitme amaçlıdır.
5. Tarihin eski dönemlerine dair peygamberlik incelemesi yapacak güvenilir biyografik veri yoktur.
6. Tüm dünyada birbiriyle iletişimsiz coğrafyalarda ortak dinî anlatıların bulunması İslam'ın Hz. Âdem'den beri var olan bir din olduğuna delil olacaktır.

ŞEYTAN AYETLERİ KİTABI VE GARANİK KISSASI

Bu kısımda özellikle 90'lı yıllarda Salman Rüşdi'nin *Şeytan Ayetleri* isimli kitabıyla gündeme gelen ve eski eserlerde daha çok Garanik Kıssası olarak bilinen olayı incelemeye çalışacağız. Maalesef Salman Rüşdi kitabını yazdığında dönemin İran'ını yöneten Humeyni, Salman Rüşdi hakkında ölüm fetvası vererek konuyu farklı bir zemine taşımıştır. Yine aynı dönemde Türkiye'de de üzücü durumlar olmuştur. İslam dünyası fikrî itiraza fikrî karşılık vermeyi, retoriğe retorikle, mizaha mizahla karşılık vermeyi umarım öğrenecektir. Zira tüm bu kargaşa, konuyu daha popüler hâle getirmekten fazlasını sağlamamıştır. Bugün bu kıssa çok daha yaygın bir şekilde anlatılıyorsa fikrî ya da retorik itiraza kaba güçle karşılık vermenin başarısız olduğu açıkça ortadadır. Vakıa da böyledir. Oysa çürük çarık itiraza güçlü bir fikrî ya da retorik yanıt elbette uzun vadede daima daha başarılıdır. En azından ben dünyayı böyle okumaktayım.

Burada rivayet üzerinden gelen tenkitler tek tip değildir. Daha önceki farklı itirazlarda da aynı duruma işaret ettiğimiz olmuştu. Türkiye'de yaygın gayrımüslim itirazlar güçlü bir bilgiye dayanmaz. Bu yüzden örneğin din telakkisi avama inildikçe nasıl büyük farklılıklar gösteriyorsa bu tenkitler de bu şekilde farklılık gösterir. Konu avamlaştıkça genellikle kulaktan duyma bir hâl alır. Ve böylesi söylemler o kadar farklılaşabilir ki bir yerden sonra bu çeşitlilikteki görüşleri ele alıp değerlendirmek neredeyse imkânsızlaşır.

Ancak biz bu eserde bir tenkidi eleştirmeye çabalamaktayız. O hâlde muhatabımızı bir yerde sabitlememiz lazım ki konuyu ele alabilelim. Bunun için yapılması gereken, bir muhatap seçip o muhatabın tenkit şekli üzerinde durmaktır. Burada ben Turan Dursun'u tercih ettim. Zira Türkiye'de sosyal medyada halka hitap eden gayrımüslimler genellikle onun anlatısını kopyalamaktadır. Onun tenkidini ele almak özellikle sosyal medya ateistlerinin de iddiasını kuşatacağı için daha geniş bir kapsama hitap edecektir. [42]

Turan Dursun'un ele aldığı şekliyle mealen "şeytan ayetleri" ya da diğer adıyla Garanik Kıssası şöyledir:

"Muhammed (a.s.) Necm suresi 19 ve 20. ayetleri anlatırken;

اَفَرَاَيْتُمُ اللَّاتَ وَالْعُزّٰىۙ

وَمَنٰوةَ الثَّالِثَةَ الْاُخْرٰى

'Gördünüz değil mi Lât'ı, Uzzâ'yı ve üçüncüsü olan diğerini, Menât'ı?' ifadesinden sonra 'Bunlar şefaate layıktır.' vb. bir ifade ile putları övmüştür. Sonrasında müşrik mümin herkes secde etmiştir."

---

42. Turan Dursun, *Din Bu* isimli eserine yaptığımız tenkitleri izlemek için: https://www.youtube.com/playlist?list=PLvETaQfitf_l0UD138Mm6mUyALoPTrJWj

Turan Dursun bunu naklederken "Buhari, Tirmizi ve öteki hadis, fıkıh kitapları..." diye kaynak vermektedir.[43]

Şimdi bu hâliyle anlatı ya büyük bir bilgisizlik ya da açıkça bir yalandır. Çünkü Buhari'de ve diğer kitaplarda böyle bir rivayet yoktur. Buhari'de ve güvenilir kitaplarda geçen Hz. Muhammed'in (a.s.) Necm suresini okuması ve müşrik-mümin herkesin secde etmesidir. Hz. Muhammed'in putları övdüğü şeklindeki bir rivayet aktarılan kaynaklarda yoktur.

Turan Dursun'un yaptığı şunun gibidir: Güçlü kaynaklarda "Altay Cem Meriç kitap yazdı. İslami konular hakkında konuştu." geçmekte, çok zayıf kaynaklarda ise "Altay Cem Meriç kitap yazdı. İslami konular hakkında konuştu ve putları övdü." yazmakta. Turan Dursun'un burada yaptığı şey "Altay Cem Meriç kitap yazdı. İslami konular hakkında konuştu ve putları övdü." rivayetini nakledip altına güçlü kaynağın ismini yazmaktır. Bu bilgisizliğe dayanıyorsa cehalettir, bilerek yapıldıysa kötü niyetli bir yalandır.

Hz. Muhammed'in putları övdüğü söylenen kısım uydurmadır.[44] Turan Dursun'un altına yazdığı kaynaklarda geçmemektedir. Şu hâliyle Türkiye'de yaygın anlatıya verilecek cevap bu kadardır. Zira onlar meseleyi karıştırmışlardır.

Hz. Muhammed'in putları övdüğü söylenen kısmın verilen güçlü kaynaklarda geçmediği söylendikten sonra bu kısma neden uydurma denildiği sorusu daha ilmi bir inceleme gerektirmektedir. Bu Türkiye'deki gayrımüslim kesimin ilmî seviyesini aşan bir konudur. Ancak yazının devamında bunu yapmaya çalışacağız:

---

43. Turan Dursun, *Din Bu*, 1. Cilt, s. 234.
44. Gayrımüslim kesimin bizi burada keyfîlikle itham edemeyeceğini daha önce anlatmıştık.

RİVAYETİN KAYNAĞI NEDİR?

Yazımızın bundan sonraki kısmında rivayet dediğimizde kastettiğimiz şey putların övüldüğü rivayettir.

Tespit edebildiğim kadarıyla bu rivayet ilk olarak İbn İshak'ın eserinde geçmiştir. İbn İshak uydurma rivayetler nakletmesi sebebiyle çokça tenkit edilmiştir. Bırakınız kitabında bulunanların sahih olarak ele alınmasını, kendisinin güvenilir bir ravi olmadığı yönünde çokça söz söylenmiştir. Bu sebeple bir rivayetin ilk olarak onun *Siyer*'inde geçiyor olması rivayet hakkında kuşkulanmak için bir alamet sayılabilir. Ahmed b. Hanbel'in "Üç şeyin aslı yoktur. Melahim, tefsir ve megazi." sözü usul eserlerinde meşhur olmuştur. O bu sözle hadisçiler nazarında tefsir, siyer/tarih kitaplarındaki rivayetlerin kıymetini özetlemiş olmaktadır. Zira bu eserler çok ciddi miktarda zayıf ve uydurma rivayet barındırmaktadır. İbn İshak'ın *Siyer*'i bunlardan birisidir. Tefsir alanında Mukatil bunun benzeri bir örnektir.

Bu yazarlar ve özellikle Mukatil rivayet ettiklerinde güvenilir bulunmasa da eserlerinde takdir edilmiş olabilirler. Zira bir eser sadece rivayetlerden oluşmaz. Bir şahıs rivayeten güvenilir bir ravi olmamasına ya da uydurma rivayetler nakletmesine rağmen başka yönlerden kıymetli eserler kaleme alabilir. Örneğin İbn İshak'ın halk arasında dolaşan sözleri naklettiği olmuştur[45], İsrailliyyat denilen Arap Yarımadası'ndaki pek bilgili olmayan Yahudiler arasında dolaşan rivayetleri naklettiği olmuştur. İbn İshak'ın eserindeki bu rivayet zafiyetinden dolayı

---

45. *Peygamberliğin İspatı*'nda Bahira kıssasında böyle bir mütalaamız olmuştu. Bahira kıssası mucizevi bir anlatımdır ancak aynı gerekçelerle kabul etmedik. Konuya uzak gayrımüslim bir okuyucu için keyfî davranmadığımızı gösterecek bir örnek bu olabilir.

İbn Hişam onun eserinden uydurma olduğunu düşündüğü rivayetleri ayıklayarak *Siyer*'ini yazmıştır. Bu eseri İbn İshak'ın eserinden daha meşhur olmuştur. İbn Hişam incelemekte olduğumuz rivayeti eserine almamıştır. Bu rivayetin uydurma olduğunu düşünmesi oldukça makul görünmektedir.

İbn İshak ve Mukatil rivayet konusundaki bu durumlarına rağmen okunmuş eserlerdir. Özellikle tefsir ve siyer/tarih konusunda yazılan eserlerin büyük bir kısmı onların şablonları üzerinden yazılmıştır. Bu da maalesef tefsir ve siyer/tarih eserlerinde zayıf ve uydurma rivayetlerin çokça aktarılmasına sebep olmuştur.

BU RİVAYETİ SAHİH KABUL ETTİĞİ SÖYLENEN KİŞİLER

Diyanet'in *İslam Ansiklopedisi*'nde müfessirlerden Zemahşeri, İbn Teymiyye, Taberi ve İbn Atiyye'nin bu rivayeti sahih kabul ettiği nakledilmiştir. Kolay ulaşılabilir yapısı sebebiyle burada aktarılan bu bilgi, forumlarda ve sosyal medyada yaygınca nakledilmektedir.

İncelediğim kadarıyla bu bilgi de büyük oranda yanlış durmaktadır.

1. İbni Atiyye tefsirinde bu rivayeti yalnızca bir yerde nakletmiş olup rivayet hakkında "Lafızları karışıktır." demiştir. Rivayete sahih dememiştir.

2. Taberi rivayeti tefsirine almıştır. Onun "denildi ki" şeklinde rivayetleri aktarması meşhurdur. Bahsi geçen rivayeti de bu şekilde nakletmiştir. Onun "denildi ki" üslubunun sahih görmesi anlamına gelmediği bu ilimle uğraşanlar tarafından bilinmektedir. Açıkça sahih dediği bir yere ben denk gelmedim.

3. İbn Teymiyye'nin 92 eseri üzerinden Arapça bir program vesilesi ile yaptığım tarama bana şunu göstermektedir:

el-Cevabu's-Sahih Limen Beddele Dine'l-Mesih eserinde rivayeti naklettikten sonra "Bu rivayeti şu şekillerde yorumlayanlar var." anlamına gelecek şekilde ele almaktadır. Konuyu "Bir peygamberin uyku hâli gibi durumda putları övmesi ismet açısından caiz midir?" gibi kelami bağlamda tartışmıştır. Yani mümkün müdür, değil midir düzleminde ele almıştır. Bu, böyle bir olay olmuş mudur, olmamış mıdır? düzleminde ele almaktan oldukça farklıdır. Rivayet sahih demek böyle bir olayın olduğunu söylemektir. Bu eserde ele alındığı şekliyle konu sadece imkân bağlamında tartışılmış görünmektedir.

Yine *Minhacu's-Sunne* isimli eserinde "Peygamber böyle bir hata yapsa o hata üzere sabit kalamaz, bu yanlış devam edemez ve Allah (c.c.) müdahale eder." düzleminde yine imkân düzleminde kelami açıdan ele almaktadır.

Hacimli eseri *Mecmu'ul-Fetava* isimli eserinin üç yerinde bu konuya değinmiş. Ele aldığı bu kısımların benim tespit edebildiğim kadarıyla hiçbir yerinde rivayete sahih dememiştir. Rivayet hakkında diğer âlimlerin kanaatlerini nakletmiş ve imkân düzleminde tartışmıştır.

Bu biraz şuna benzemektedir: Önceki eserimizde haber delili, samimiyet delili ve iki iradenin göründüğü yere samimiyet delili dememiz düzleminde düşünürsek, ben bu rivayet hakkında "Bu rivayet uydurmadır ancak gerçek olsaydı dahi burada iki irade dolayısıyla samimiyet delili iddia edilebilirdi." deseydim: Bu bir "Velev ki doğru olsun." bağlamı oluşturmaktır. Bu rivayete sahih demem anlamına gelmezdi. Sadece "Sahih olsaydı Hz. Muhammed (a.s.) siyaseten putları övmüş olsaydı onu bundan alıkoyan irade Hz. Muhammed'in iradesinden farklı olmalı." anlamına gelirdi. Sonuçta muhatap bu rivayette putları övmenin siyaseten avantaj getirdiğini iddia etmektedir. O hâlde bu avantajı neden terk ettiğini muhalifin açıklaması gerekirdi. Bakınız tüm bu paragrafta yapılan mülahaza bir "velev ki" bağlamı oluşturmaktır. Rivayete sahih denildiği anlamına gelmemektedir. İbn Teymiyye'nin eserlerinde müşahede ettiğim durum bu paragrafta verdiğimiz örneğe benzemektedir.

İbn Teymiyye çok eser yazmış bir müelliftir. Benim incelemem sonucunda bulduğum beş sonuç bu şekilde. Başka bir eserinde değindiyse ya da benim incelediğim eserler içerisinde farklı lafızlarla geçtiği olduysa onu bilemememekteyim. Böyle bir sonuç varsa tekrar incelenmesi gerekebilir. Kaç yaşında yazdığı eser? Hangi bağlamda kullanmış? Bu elbette ayrıca bir incelemeyi gerektirecektir. Ancak yüzlerce cildi bulan 92 eserde yapılan incelemenin bir anlam ifade edeceğini zannediyorum.

4. Zemahşeri de rivayeti nakletmiştir. Ancak onun rivayeti yorumlama biçimi sahih gördüğü izlenimi vermektedir. O bu olayı doğru kabul ederek yorumlamaya çalışıyor gibidir. İbn Teymiyye gibi "Sahihse şöyledir" ya da Taberi gibi "Denildiğine göre" gibi üsluplarla ele almamıştır. Rivayeti tartışmadan yorumlamakta ve bilgi kaynağı gibi kabul ediyor görünmektedir.

İşin aslı Zemahşeri hadiste derinleşmiş bir âlim değildir. O özellikle belagat ve Arap dili anlamında büyük bir otoritedir. Eserinin çok yayılmasına sebep olan da bu özelliğidir. Fakat rivayet konusu gelindiğinde onun bu konuda otorite olmadığı bilinmektedir. Örneğin bu eserimizde daha önce anlattığımız gibi her surenin faziletiyle ilgili naklettiği uydurma rivayetlere tefsirinde her surenin girişinde yer vermiştir.[46] Onun kanaati bu konuda ciddi bir anlam ifade etmemektedir.

46. Bu, yine inceleme işinin keyfî, olmadığını gösterecektir.

RİVAYETİN TENKİDİ

Putlara övgü ifade ettiği söylenen rivayet hakkında hadis incelemesi anlamında şunları söyleyebilirim:

1. Bu rivayete sadece benim incelediğim kadarıyla Razi, Ebubekir ibni Arabi, Kadı İyaz, Kurtubi, Kirmani, Ayni, Şevkani, Alusi, İbni Kesir, Ebu Suud, Nişaburi, Hatıb Şirbini, Zeccac, Tahir bin Aşur, İbn Huzeyme, Beyhaki uydurma demiştir. Heysemi *Mecmau'z-Zevaid* isimli hadis derlemesine Taberani'nin *Mucem*'inden nakille almış ve zayıf demiştir. Örneğin:

Kadı İyaz bu rivayet hakkında (Ebubekir İbni Arabi'den naklederek) "Bu hadis, ehl-i sahihin hiç birisi tarafından nakledilmemiştir." demiştir. Burada bahsedilen "ehl-i sahih" sahih nakleden, sahihle uğraşan âlim anlamına gelir. Zeccac (ö. 923) bu rivayet hakkında "Bu rivayeti müfessirlerden nakledenler olmuştur ve tefsir kitaplarında bu rivayet geçmiştir[47] fakat tahkik ehli âlimler bu rivayetin batıl ve uydurma olduğunu söylemişlerdir. Buna Kur'an, sünnet ve akıldan deliller getirmişlerdir." demiştir.

Bu rivayet hakkında konuşan pek çok oryantalist de olmuştur.

Bu oryantalistlerden biri olan Karen Armstrong'un konu hakkındaki görüşü şu şekildedir:

"Bu hikâyeye göre Hz. Muhammed Lat, Uzza ve Menat'ı öven iki ayet söylemiş, sonrasında ise ayetlerin şeytan tarafından ilham edildiğini öğrenmiştir. Ama bu hikâye diğer geleneklerle ve Kur'an'ın kendisiyle çelişmektedir. Dolayısıyla Ebu el-Aliye'nin anlattığı bu hikâye pek olası görünmemektedir."[48]

---

47. Bir rivayetin tefsir kitaplarında geçmesi onaylandığı anlamına gelmez, ileride açıklayacağız.
48. Karen Armstrong, *Hz. Muhammed*, s. 160.

Yine Leone Caetani, Maurice Gaudefroy-Demombynes, Louis Massignon gibi oryantalistler de bu hikâyenin tarihî bir değer taşımadığını ve asılsız olduğunu ifade ettikleri nakledilmiştir.[49]

2. Bu rivayet hadis kitabı olarak ele alındığında sadece Taberani'nin *Mucem'ul-Kebir* eserinde kayıtlıdır. Bunun dışında hadis açısından güvenilir olmayan tarih kitapları, siyerler ve bazı tefsir kitaplarında vardır. Birinci kaynak sayılabilecek hadis kitaplarına girememiştir. Örneğin Buhari, Müslim, Muvatta, Tırmizi, Ebu Davud, Nesai, İbn Mace, Darimi, Ahmed b. Hanbel gibi âlimlerin eserlerin hiçbirisine girememiştir. Taberani'nin *Mucem'ul-Kebir*'inden nakille bu rivayeti *Mecmau'z-Zevaid*'de nakleden Heysemi rivayete zayıf demiştir.

3. Rivayetin metinleri karışıktır.

Bu tevil ve telif edilemez düzeyde bir karışıklıktır. Putları överken kullandığı söylenilen ifadeler metinlerde uzlaştırılamaz derecede farklıdır. Ayrıca olayın detayları da farklı farklıdır. Mesela kimi metinlerde Hz. Muhammed'in uyku hâlinde kiminde namaz kılarken övdüğü, kiminde Kâbe'de kiminde Kâbe dışında övdüğü aktarılmıştır.

4. Umum belva.

Rivayetin iki ravisi -Abdullah b. Abbas, Said b. Cubeyr- hariç tüm ravi senedleri kopuktur ve zayıf raviler tarafından nakledilmiştir. Yani bu rivayet sahabe ve tabiun döneminde tek ravisi olan bir rivayettir.

Umum belva, pek çok kişi tarafından nakledilmesi beklenen bir olayın az sayıda ravi tarafından nakledildiğinde ten-

---

49. İsmail Cerrahoğlu, "Garânîk Meselesinin İstismarcıları", *Ankara Üniversitesi İlahiyat Fakültesi Dergisi*, XXIV (1981), s. 71-80. https://sorularlaislamiyet.com/garanik-yalanini-taberi-nasil-kabul-edebilir

kidine sebep olan bir durumdur. Örneğin ABD başkanının canlı yayında soyunduğunu ve bunu sadece bir kişinin naklettiğini düşünün. Bu haberi bir kişinin nakletmesi normal değildir. Zira olay sansasyoneldir. Bu durum gizlenebilir de değildir. Sansasyonel olduğu için pek çok farklı kaynak için haber değeri taşımaktadır. İşte böyle bir olay tek raviden nakledildiğinde umum belva sebebi ile tenkit edilir.

Hz. Muhammed'in (a.s.) onca çile, eziyet ve gerginlik yaşadıktan sonra putları övmesi inanılmaz sansasyonel bir durumdur. Böyle bir haberin tek raviden gelmesi beklenecek bir şey değildir.

Örneğin Hanefiler namazda ellerin kaldırılmasıyla ilgili ravileri güvenilir hadisler olsa dahi umum belva durumunu işletmiştir. Zira namaz tüm sahabilerin, Rasulullah'ın arkasında her gün yaptıkları bir ameldir. Bu konunun çok daha fazla ravi ile gelmesini beklemek doğaldır. Bakınız burada aslında namazda ellerin kaldırılmasıyla ilgili rivayetler pek çok sahabiden gelmiştir. 20 kişiye kadar çıkaranlar olmuştur. Ancak yine de yeterli görülmemiştir. Garanik Kıssası'ndaki sansasyonel durum açısından düşünülünce umum belva namazda ellerin kaldırılması konusundan çok daha fazla geçerlidir. Oysa Garanik Kıssası'nda birbiri ile çelişik rivayetler tek bir sahabiden gelmektedir.

5. Bu olayın naklinin kendisine nispet edildiği tek sahabi olan Abdullah b. Abbas olayın yaşandığı iddia edilen zamanda (Habeşistan hicreti dönemi olduğu rivayetlerin içerisinde geçmektedir, nübüvvetin yaklaşık 5. yılı) henüz doğmamıştır. Bu tarihten yaklaşık 5 yıl sonra doğmuştur.

Peki bu uydurma rivayet kaynaklarımıza nereden karışmış olabilir? Pek çok kaynakta bu rivayetin İbni Abbas'a Kelbi kanalıyla ulaştığı yazılmış. Kelbi, çoğunlukla uydurma hadis nakleder ve zayıf bir ravidir. Kelbi kanalıyla gelen İbni Abbas rivayetleri sahih değildir. Rivayetin bu kanaldan yaygınlaşıp ardından sehiv ile Said bin Cübeyr kanalına nispet edilmiş olması muhtemeldir. Bu naklin sonunda "Zannettiğime göre İbn Abbas şöyle demiştir." şeklinde şüphe ifade eden bir lafız bulunmaktadır.

6. Rivayet, açıkladığını iddia ettiği Kur'an pasajına uygun değildir. Bu bir iç tutarsızlık oluşturmaktadır.

اَفَرَاَيْتُمُ اللَّاتَ وَالْعُزّٰىۙ
وَمَنٰوةَ الثَّالِثَةَ الْاُخْرٰى
اَلَكُمُ الذَّكَرُ وَلَهُ الْاُنْثٰى
اَلَكُمُ الذَّكَرُ وَلَهُ الْاُنْثٰى

اِنْ هِيَ اِلَّا اَسْمَاءٌ سَمَّيْتُمُوهَا اَنْتُمْ وَاٰبَاؤُكُمْ مَا اَنْزَلَ اللّٰهُ بِهَا مِنْ سُلْطَانٍ
اِنْ يَتَّبِعُونَ اِلَّا الظَّنَّ وَمَا تَهْوَى الْاَنْفُسُ وَلَقَدْ جَاءَهُمْ مِنْ رَبِّهِمُ الْهُدٰىۜ

"Gördünüz mü o Lât ve Uzzâ'yı?"
"Ve üçüncüleri olan ötekini, Menât'ı?" (Necm, 53:19-20)

Rivayet bu iki ayetten sonra putların övüldüğünü söylemektedir. Tabii her rivayette birbiri ile çelişen farklı lafızlar verilmekte. Oysa bu devam eden pasajla uyumlu değildir.

"Demek erkek size, dişi O'na öyle mi?"
"O zaman bu, insafsızca bir taksim!"
"Bunlar (putlar), sizin ve atalarınızın taktığı isimlerden başka bir şey değildir. Allah onlar hakkında hiçbir delil indirmemiştir. Onlar ancak zanna ve nefislerinin arzusuna uyuyorlar. Hâlbuki kendilerine Rableri tarafından yol gösterici gelmiştir." (Necm, 53:21-23)

Cahiliye Arapları bu putları Allah'ın kızları gibi addederek dişilik atfederlerdi. Buna rağmen kendilerinin kız çocuğu olduğunda üzülür ve bunu utanılacak bir şey sayarlardı. Tutarsız bir biçimde en beğenilesi şeylerin Allah'a ait olduğuna da inanırlardı. Ayet "beğendiğiniz erkek çocuklar size, beğenmediğiniz kız çocuklar Allah'a öyle mi?" mealinde onların putları "Allah'ın kızları" olarak ele almalarındaki iç tutarsızlığa işaret etmektedir.

Kısacası ilgili rivayet, açıkladığını iddia ettikleri ayetlerle tamamen uyumsuzdur.

7. Bu rivayetler, devamında genellikle Hz. Muhammed'in (a.s.) sonradan pişman olduğu ve Hac Suresi 52. ayetin nazil olduğu söylenir. İlgili ayet şöyledir:

وَمَٓا اَرْسَلْنَا مِنْ قَبْلِكَ مِنْ رَسُولٍ وَلَا نَبِيٍّ اِلَّٓا اِذَا تَمَنّٰٓى اَلْقَى الشَّيْطَانُ فٖٓي اُمْنِيَّتِهٖۚ فَيَنْسَخُ اللّٰهُ مَا يُلْقِي الشَّيْطَانُ ثُمَّ يُحْكِمُ اللّٰهُ اٰيَاتِهٖۜ وَاللّٰهُ عَلٖيمٌ حَكٖيمٌۙ

"Senden önce hiçbir resul ve nebi göndermedik ki, o bir temennide bulunduğunda şeytan ille de onun arzularına bir şeyler katmaya kalkışmasın. Fakat Allah şeytanın katmaya çalıştığını iptal eder. Sonra Allah kendi ayetlerini (onun kalbine) sağlam olarak yerleştirir. Allah hakkıyla bilmekte, hikmetle yönetmektedir." (Hac, 22:52)

Bu ayetin bu olaydan sonra Hz. Muhammed'i teskin etmek için nazil olduğu ve putları öven ifadelerin burada şeytana nispet edilen ifadeler olduğu söylenmiştir.

Muhalifimiz, Hz. Muhammed'in putları övmesinin ardından Hac suresi 52. ayetin gelişiyle birlikte pişman olup tevbe ettiğini iddia ediyor. Lakin burada bir tarihî uyuşmazlık var. Necm suresindeki ayetlerin gelişini Habeşistan hicretinden önce olarak tarihliyorlar ki bu nübüvvetin yaklaşık 5. yılına denk gelir. Oysaki Hac suresindeki ayetin gelişi nübüvvetin 11. Senesine dayanmaktadır. İki olay arasında 6 senelik bir zaman farkı var, dolayısıyla pişman olmak ve nedamet ifade etmek için fazla uzun bir süredir. Zaten incelediğimiz rivayette pişman olmanın hemen geçtiği aktarılmaktadır. Dolayısıyla rivayet, tarihî açıdan uyumsuzdur. Ayrıca 6 yıl sonra karar değiştirip "Hayır putları övmedim." deseydi bu daha da garip ve sansasyonel olurdu. Böyle bir olayın tek raviden gelmesi sebebiyle umum belva tenkidi daha da barizleşirdi.

8. Bu rivayet Kur'an'ın bütünlüğüyle uyumsuzdur.

Bir rivayetin incelenmesi tabii olarak "Bu olay oldu mu, olmadı mı?" araştırması açısından tarihî bir incelemedir. Tarih incelemelerinde esas olan daha güvenilir kaynağın daha zayıf kaynak üzerine hâkim kılınmasıdır. Kur'an tarihi kaynaklık gücü açısından elbette en güçlü metindir. Bunu *Peygamberliğin İspati*'nda hem aklen hem de yazma metinler üzerinden gösterdik. O hâlde bir rivayet Kur'an bütünlüğü ile uyumsuz ise kendisinden tarihî bilgi kaynağı olarak daha güçlü bir metne muhalefet etmiş olacaktır. Bu onun tarih tenkidi açısından önemli bir veridir.

Kur'an'ın çeşitli dönemlerde nazil olan ayetleri buna muhalif emirlerle doludur. İlk nazil olan iki sure olan Alak suresi ve Kalem suresinden başlayarak bu vurgu Kur'an'ın nazil olduğu her dönemde oldukça güçlü bir vaziyettedir.

كَلَّا لَئِنْ لَمْ يَنْتَهِ لَنَسْفَعًا بِالنَّاصِيَةِۙ
نَاصِيَةٍ كَاذِبَةٍ خَاطِئَةٍۚ
فَلْيَدْعُ نَادِيَهُۙ
سَنَدْعُ الزَّبَانِيَةَۙ
كَلَّاۜ لَا تُطِعْهُ وَاسْجُدْ وَاقْتَرِبْ

"Hayır, hayır! Eğer vazgeçmezse, derhal onu alnından (perçeminden), o yalancı, günahkâr alından (perçemden) yakalarız (cehenneme atarız). O, hemen gidip meclisini (kendi taraftarlarını) çağırsın. Biz de zebanileri çağıracağız. Hayır! Ona uyma! Allah'a secde et ve (yalnızca O'na) yaklaş." (Alak, 96:15-19)

فَلَا تُطِعِ الْمُكَذِّبِينَ

"O hâlde, (hakikati) yalan sayanlara boyun eğme." (Kalem, 68:8)

وَلَا تُطِعْ كُلَّ حَلَّافٍ مَهِينٍۙ
هَمَّازٍ مَشَّٓاءٍ بِنَمِيمٍۙ
مَنَّاعٍ لِلْخَيْرِ مُعْتَدٍ اَث۪يمٍۙ
عُتُلٍّ بَعْدَ ذٰلِكَ زَن۪يمٍۙ

"(Resûlüm!) Alabildiğine yemin eden, aşağılık, daima kusur arayıp kınayan, durmadan lâf götürüp getiren, iyiliği hep engelleyen, mütecaviz, günaha dadanmış, kaba ve haşin, bütün bunlardan sonra bir de soysuzlukla damgalanmış kimselerden hiçbirine, mal ve oğulları vardır diye, sakın boyun eğme." (Kalem, 68:10-14)

فَاصْبِرْ لِحُكْمِ رَبِّكَ وَلَا تُطِعْ مِنْهُمْ اٰثِمًا اَوْ كَفُوراًۚ

"Artık Rabbinin hükmüne (boyun eğip) sabret; onlardan hiçbir günahkâra yahut hiçbir nankörе boyun eğme." (İnsan, 76: 24)

فَلَا تُطِعِ الْكَافِرِينَ وَجَاهِدْهُمْ بِهِ جِهَادًا كَبِيرًا۝

"O hâlde, kâfirlere boyun eğme ve bununla (Kur'an ile) onlara karşı olanca gücünle büyük bir savaş ver!" (Furkan, 25:52)

وَلَا تَأْكُلُوا مِمَّا لَمْ يُذْكَرِ اسْمُ اللّٰهِ عَلَيْهِ وَاِنَّهُ لَفِسْقٌ وَاِنَّ الشَّيَاطِينَ لَيُوحُونَ اِلٰى اَوْلِيَٓائِهِمْ لِيُجَادِلُوكُمْ وَاِنْ اَطَعْتُمُوهُمْ اِنَّكُمْ لَمُشْرِكُونَ۝

"Üzerine Allah'ın adı anılmadan kesilen hayvanlardan yemeyin. Kuşkusuz bu büyük günahtır. Gerçekten şeytanlar dostlarına, sizinle mücadele etmeleri için telkinde bulunurlar. Eğer onlara uyarsanız şüphesiz siz de Allah'a ortak koşanlar olursunuz." (Enam, 6:121)

يَٓا اَيُّهَا الَّذِينَ اٰمَنُوا اِنْ تُطِيعُوا الَّذِينَ كَفَرُوا يَرُدُّوكُمْ عَلٰى اَعْقَابِكُمْ فَتَنْقَلِبُوا خَاسِرِينَ۝

"Ey iman edenler! Eğer kâfirlere uyarsanız, gerisin geriye (eski dininize) döndürürler de hüsrana uğrayanların durumuna düşersiniz." (Al-i İmran, 3:149)

وَوَصَّيْنَا الْاِنْسَانَ بِوَالِدَيْهِ حُسْنًا وَاِنْ جَاهَدَاكَ لِتُشْرِكَ بِي مَا لَيْسَ لَكَ بِهِ عِلْمٌ فَلَا تُطِعْهُمَا اِلَيَّ مَرْجِعُكُمْ فَاُنَبِّئُكُمْ بِمَا كُنْتُمْ تَعْمَلُونَ۝

"Biz, insana, ana-babasına iyi davranmasını tavsiye etmişizdir. Eğer onlar, seni, hakkında bilgin olmayan bir şeyi (körü körüne) bana ortak koşman için zorlarlarsa, onlara itaat etme. Dönüşünüz ancak banadır. O zaman size yapmış olduklarınızı haber vereceğim." (Ankebut, 29:8)

وَاِنْ جَاهَدَاكَ عَلٰٓى اَنْ تُشْرِكَ بٖى مَا لَيْسَ لَكَ بِهٖ عِلْمٌ فَلَا تُطِعْهُمَا
وَصَاحِبْهُمَا فِى الدُّنْيَا مَعْرُوفًاۘ وَاتَّبِعْ سَبٖيلَ مَنْ اَنَابَ اِلَيَّۚ ثُمَّ اِلَيَّ
مَرْجِعُكُمْ فَاُنَبِّئُكُمْ بِمَا كُنْتُمْ تَعْمَلُونَ﴿﴾

"Eğer onlar seni, hakkında bilgin olmayan bir şeyi (körü körüne) bana ortak koşman için zorlarlarsa, onlara itaat etme. Onlarla dünyada iyi geçin. Bana yönelenlerin yoluna uy. Sonunda dönüşünüz ancak banadır. O zaman size, yapmış olduklarınızı haber veririm." (Lokman, 31:15)

Bu ayetlerin sayısı çok daha fazla artırılabilir fakat bu kadar örneğin yeterli olduğunu düşünüyorum. Bu ayetler farklı farklı yıllarda inmiş ayetler. Kur'an'da bu kadar çok ve düzenli sıklıklarla inmiş itaat etmemekle alakalı ayetler varken Hz. Muhammed (a.s.) çıkıp da putları övseydi Kur'an'la çelişmiş olurdu. Kendinizi bir sahabenin yerine koyun, İslam için ailenizi, evinizi, bütün mal varlığınızı, arkadaşlarınızı geride bırakmışsınız. Senelerce bu uğurda acı ve işkence çekmişsiniz. Tüm bunların ardından peygamber gidip putları övseydi peygambere tekrardan güvenebilir miydiniz? Bu olayı unutabilir miydiniz? Peki bugünden bakınca böyle bir rivayetin sadece tek kanaldan gelmesi tenkit edilmesi için yeterli bir sebep değil midir?

Özetle

1. Türkiye'de Turan Dursun gibi yazarlar ve ateist forum gibi yerlerde olayın anlatılışı açık bir bilgisizlikten kaynaklanır. İki rivayeti birbiri ile karıştırmışlardır.
2. Olayı sahih gördüğü iddia edilen İbn Atiyye, rivayeti açıkça tenkit etmiştir. Taberi ve İbn Teymiyye'nin sahih de-

diğine dair kayıt yoktur. Sadece Zemahşeri sahihmiş gibi bir intiba vererek yorumlamıştır. O da hadis konusunda derinlemesine bilgi sahibi bir âlim değildir. Başka konularda da pek çok uydurma hadisi bu şekilde kullanmıştır.

Eğer bazı âlimler bunu sahih kabul etseydi bile bu gerçekten bir anlam ifade etmezdi. Çünkü İslami bilgi sistematiğinde bir âlimin sözü bağlayıcı değildir. Zira hiçbir âlim hatasız değildir. Hata, yanılma ve günahtan masum olmak sadece Hz. Muhammed'e (a.s.) nispet edilmiştir. Bu yüzden eksik inceleme yapmak gayet mümkündür. Önemli olan delildir.

3. En başından beri hadiste güvenilmez bulunan ancak siyer ve tefsirde diğer âlimler tarafından okunan İbn İshak ve Mukatil'de rivayetin geçmesi bunun kitaplarda nakledilmesine yol açmıştır. Rivayetlerin kitaplarda nakledilmesi, nakleden âlimin onu sahih gördüğü anlamına gelmemektedir. Tarih kitapları, siyerler ve tefsirlere giren bu rivayet hadisçiler nazarında eskiden beri uydurma kabul edilmiştir.
4. Bu rivayet muteber hadis kitaplarında geçmemektedir.
5. Sadece bizim kanaatini naklettiğimiz kişilerden Razi, Ebubekir İbni Arabi, Kadı İyaz, Kurtubi, Kirmani, Ayni, Şevkani, Alusi, İbni Kesir, Ebu Suud, Hatıb Şirbini, Zeccac, Tahir bin Aşur uydurma demiştir.
6. Metinleri kendi içerisinde tutarsız detaylar içermektedir.
7. Rivayette umum belva vardır. Sansasyonel bir olay tek bir ravi kanalıyla nakledilmiştir.
8. Olayın anlatısının kendisine dayandığı tek sahabi ravi olan Abdullah ibn Abbas olayın yaşandığı söylenen dönemde henüz doğmamıştır.

9. Rivayetin anlattığı olay örgüsü Kur'an'daki ayetlerin akışı ile uyumsuzdur. Rivayet, bu ayetleri açıklama iddiasında olduğu için kendi içerisinde tutarsız hâle gelmekte ayrıca Kur'an ile çeliştiği için daha güçlü tarihî veriye muhalefet etmiş olmaktadır.
10. Rivayet sadece açıkladığını iddia ettiği Kur'an pasajı ile çelişmemekte ayrıca Kur'an'ın genel anlatısı ile de çelişmektedir. Bir olayın olup olmadığının incelenmesi tarihî bir konudur. Kur'an'la hem pasaj hem de genel anlatıda çelişen böylesi pek çok problem içeren bir rivayetin daha güçlü veriye muhalefeti sebebi ile muteber olamayacağı açıktır. Tarih incelemesi yapılan her sahada incelemeler bu şekilde ele alınır.

MÜRTET ÖLDÜRÜLÜR MÜ?

Bernard Lewis, "Din âlimlerinden kâfirlik suçlamalası yüzünden yargılanıp suçlanan ve hüküm giymiş yok gibi görünmektedir, çünkü böyle bir olayın kaydına bugüne kadar rastlanmış değil. Asıl önemli olan suçlamalar yönetimlere ve devletlere karşı yapılan mürtetlik suçlamaları olmuştur."[50] diye yazmaktadır.

Konu, toplumsal boyuta sahip olduğu gibi tarihsel boyuta da sahip olduğu için belli başlı bilgileri vereceğimiz birkaç alt başlıkla giriş yapmak bize daha uygun görünmektedir.

KISITLILIKLAR

Öncelikle yapmamız gereken bir uyarı bulunmaktadır: Burada yapacağımız incelemenin doğal olarak fıkhi boyutu var. Ben bireysel bir inanç değişikliğinin ceza gerektirmediğine kaniyim. Bir diğer yönü İslam'ın terör suçları ile ilgili öngördüğü cezanın ne olduğunu takdir edebilecek durumda değilim. Konuyla ilgili daha önceden söylenenlerden haberdar olmak bugün buna karar verebilmek anlamına gelmemektedir.

---

50. Bernard Lewis, *İslam'da Siyasal Söylem*, s. 157.

Burada naçizane kanaatimce iki önemli ve henüz çözülmemiş problem mevcut:

1. Çağın sosyal ilişki biçimlerinin değişmiş olması. Mesela ulus devlet yapısıyla ilgili bir örneği bu yazıda vereceğiz. Sosyal yapıda temel direklerden sayılabilecek olan siyasi yapılanmalar, iktisadi yapı vb. onlarca değişiklik olmuştur. Bunlar kavranmadan layığınca fıkıh üretilebileceğine kani değilim. Bunların kavranıyor olmasının sanıldığı gibi çok basit bir konu olmadığını bilmekteyim. Yani bir iktisat tarihi, bir siyaset tarihi eseri okuyarak olacak bir iş değildir. Gerçekten çağı kavrayabilmek ciddi bir entelektüel emek gerektirmektedir. Aksi hâlde elma ile armutları mukayese edip sonuçları "Allah bunu istiyor." biçiminde ifade etmekten öteye geçilemez.
2. Fıkıh, bir fıkıh usulü/kelam zeminine oturmaktadır. Kelamın felsefeyle ilişkisi malumdur. Kelam kendini eski dönemde de, çoğu meselede ya güncel felsefenin karşısında ya da yanında olmakla konumlandırmaktaydı. Bugün kelam konuşurken çağın güncel felsefesini yakalamış değiliz. Bu fıkıh usulü algımızı da etkilemektedir. Örneğin anolojik kıyas, modern hermeneutik vb. fıkhın ferlerini tamamen etkileyecek usulle ilgili konulardır. Ben bu konuların henüz İslam coğrafyalarında layığınca konuşulabildiğine düşünmüyorum.

Kadim kelamımız ve usulümüz döneminin güncelini yakalamaktaydı. Bugün bu vaziyette olduğumuzu sanmıyorum. Ayrıca o dönemde fetva verenler ya çağının koşullarına hâkimlerdi ya da fetvalarına itibar edilmiyordı, çağın koşullarını yeterince bilmeyen kişilerin fetvaları uygulamaya geçmemekteydi. Yani çağını bilmeyen birinin fetvası uygulanan fıkha dahil olmamaktaydı. Zira uygulanan fıkıh böyle bir durumu kabul etmez.

Özetle iki sorunumuz mevcuttur: Teorik problemler ve kişisel-kitlesel donanım. Bu iki problem hakkıyla çözülmüş değildir. Teorik temeldeki problemler hakkıyla çözülmeden pratik hayata dair konuşan fıkhın esaslıca iş yapılabileceğini düşünmüyorum. Tüm bu sebeplerden dolayı çok zorda kalmadıkça fıkıh hakkında konuşmaktan imtina etmekteyim.

Oysa fıkıh üretmek bir zorunluluktur. İnsanlar bundan azade kalamazlar. Zira neyi nasıl yapacaklarıyla ilgili ısrarlı sorular soracaklardır. Bu da doğaldır. O hâlde cevap verenlerin öncelikli olarak kendilerine sorulan sorularla ilgilenmesi, kimsenin uygulayamayacağı yersiz ve temelsiz sorularla daha az ilgilenmeleri, sakin ve ölçülü olmaları, sözlerinin mutlaklaştırılamayacağını bilmeleri faydalı olacaktır. Zira onlar bu mülahazalarında kesinkes doğru bir bilgiye ulaştıklarını iddia etmekte zorlanacaklardır. O hâlde üslup, konu seçimi ve tolerans da buna göre olmalıdır.

KONUNUN SINIRLARI

Bahsettiğimiz sınırlılıklar dâhilinde yazının birincisi fıkhi mülahaza ikincisi kültür tarihi incelemesi olan iki maksadı şunlardır:

1. Riddetin sadece din değiştirme olarak anlaşılması hatalıdır. Rıddet toplumsal, siyasal başkaldırı/terör anlamını haiz bir kavramdır. Bireysel din değiştirme ceza gerektiren bir durum değildir.
2. Terör suçları için İslam tarihinde mürtetler bahsi üzerinden öngörülen cezaların anlamını kavramak. Bu fıkhi değil kültür tarihine yönelik bir mülahazadır. Normatif/değer yükleyici değil tarihî incelemedir. Bir diğer ifadeyle, olması gerekenle değil olanla ilgilenmektedir.

İslam fıkhında aynı olayın farklı yorumlanması mümkündür. Olması gerekenle ilgili bir dine müntesip olanların çeşitli görüşe sahip olabileceğinden 'bir din nasıl çürütülür' başlığında bahsetmiştik. Bu mümkün yorumlardan herhangi birini de savunmak ya da çürütmekle de uğraşmayacağız.

Bu incelemenin önemli olduğu kanaatindeyim zira bu konu hakkında çağımızda çok yaygın bir anokronizm ile İslam tarihi öcüleştirilmektedir.

Giriş bölümünde bir dinin nasıl çürütülebileceğini anlattık. Burada gelen tenkit "akli bir zaruret ihlali, olguyla çelişme, tutarsızlık" gibi iddialarda bulunmamaktadır. Bir dine yapılabilecek muhtemel itirazları sıraladığımız maddelerde "çirkin görünme, hoşa gitmeme" maddesinde ele aldığımız tenkitlere benzemektedir. Orada "çirkin görünme"nin anlamsız bir tenkit çeşidi olmadığından bahsetmiştik. Zira insan için kesin bilginin imkânı problemli olduğu için "Buna inanacağıma şöyle düşünürüm." şeklindeki akıl yürütme tamamen geçersiz ya da anlamsız değildir.

O hâlde burada muhatabımızın itirazını, "Dinî inancını değiştiren bir bireyin sadece bu yüzden öldürüldüğü bir din hiç de güzel görünmemektedir. Bundan daha güzel felsefi sistemler ve dinler vardır." biçiminde ele alabiliriz.

MUHATABIMIZIN ALGISI

Bu soruyu ateist olduğum dönemde sıkça sorardım. Hatta soru olarak da değil bir tartışma retoriği olarak benimserdim. "Şimdi sana göre benim öldürülmem gerekmiyor mu? Eğer gücün yetseydi şu an bu koşullarda konuşuyor olmazdık. Beni ya öldürmüş olurdun ya da ben hapisteyken konuşuyor olurduk. Hapisteki bana 'Eğer tekrar dine dönmezsen 3 gün içinde öleceksin.' şeklinde bir diyalogla hitap ediyor olmayacak mıydın? Şu an bu koşullarda konuşmuyorsak bu senin güçsüz olmandan dolayı değil mi?" şeklinde ele alırdım. Gerçekten muhatabı oldukça zor duruma sokan bir pencereye konu taşınmış olurdu.

Bu sebeple burada "muhatabımız" diyerek ele aldığım kişinin 12-13 yıl önceki Altay Cem Meriç olduğunu söyleyebilirim. Allah onu afiyet ve hidayete ulaştırsın. Ben burada konunun hatalı algılandığına kaniyim. Birazdan sebeplerini aktarmaya çabalayacağım. Ancak şunu da ifade etmek gerekmektedir:

Bu soru ya da itirazı yönelten muhatabımızın algısı doğru olsaydı itirazı büsbütün hatalı olmazdı. Böyle bir durumda onun itirazını tamamen geçersiz kılmak güç olurdu. Zira onun algısındaki şekliyle inancını değiştiren bireyin öldürülmesi örneğin Hristiyanlıkta olsaydı neredeyse tüm Müslümanlar bu olayı Hristiyanlık aleyhine delil kılardı. Bu durum bize bahsettiğimiz algının doğru olması hâlinde ortalama insana kötü görüneceği konusunda fikir vericidir. Zaten bu sebeple inceleyeceğimiz şey muhatabımızın algısının doğru olup olmadığıdır.

ANAKRONİZM

Aslında burada soru 1200 yılında yaşayan ortalama bir insanın hayatı ve onun hayatını kuşatan hukukla ilgidir. Elbette bu hukukla fıkıh dediğimiz branşın ilişkisi de önemli bir husustur. Soruyu daha kompleks hâle getiren durum biraz burasıdır. Çünkü tüm bu veri çeşitleri anakronizm[51] oluşmasına sebebiyet vermektedir.

---

51. Anakronizmi kabaca zaman kayması gibi ele alabiliriz. Genellikle geçmişi bugünün koşulları ve durumlarıyla değerlendirme şeklinde ortaya çıkar.

Tüm bu durum aslında pek çok soruda ortaya çıkmaktadır. Bu sebeple burada vereceğimiz bilgilerin bu serinin ilerleyen kitaplarındaki pek çok sorunun anlaşılmasında yeri olacağını zannetmekteyiz. Özellikle içtimai, iktisadi ve hukuki soruların pek çoğunda geçerli olan bir durumdur. Bundan dolayı burada aktaracağımız açıklamaların yeterli doyuruculukta olması için gayret göstereceğiz.

FIKHIN KAPSAMI

İslam fıkhı metinleri okunurken akılda tutulması gereken bazı tasnifler vardır. Elinizdeki metinler bugün okunan hukuk metinlerinden farklıdır. Bu metinlerde okuduğunuz şeyler sadece o dönemde cari olan hukuku ifade etmemektedir. Bu, Müslümanların da sık karıştırdığı bir konudur. Örneğin ibadetle ilgili fıkhi bir hükmün o dönemde zorla uygulandığını düşünen pek çok Müslüman vardır. Bir fıkıh metninde okuduğunuz bir satır şunlarla ilgili olabilir:

1. O dönem toplumlarının hukukuyla ilintili olabilir.
2. Şahısların bireysel inanç, ibadet ve ahlaklarıyla ilgili olabilir.

Bu bir fıkıh kitabında okuduğunuz satırların tarihsel anlamını oldukça değiştirecek bir tasniftir. Örneğin ikinci maddede bir şahsın inanç, ibadet ve ahlakıyla ilgili yazılı satırlar çoğu zaman fakihin tavsiyeleri gibi algılanmaya müsaittir. Örneğin bir fıkıh kitabında müziğin haram olmasıyla ilgili bir bölüm olduğunu düşünün: Burada elinizdeki fıkıh kitabında okuduğunuz bu satırlar 900 ya da 1100 yılında o kitabın yazıldığı devlette müzik icra edenlerin hapse atıldığı ya da müzik aletlerinin kırıldığı gibi bir anlama gelmemektedir. Böyle bir olayın olup olmaması ayrıca tarihî bir inceleme gerektirmektedir.

Bir metinde müziğe haram denilmesi sadece o metni yazan kişinin böyle bir kanaatte olduğu anlamına gelecektir. Modern hukuk da dahil olmak üzere hukuk nihayetinde meşru bir güç ile cebr (zor) uygulama salahiyetidir. Örneğin birine hırsızlık kötüdür demek ahlakın konusu iken, meşru bir zor uygulayarak hırsızlıktan alıkoymak hukuktur. Burada incelediğimiz örneğe tekrar dönecek olursak: Bir âlimin müziğin haram olduğunu düşünmesi, onun hukuk olarak bu düşüncesini uygulayabilmesi anlamına gelmemektedir. İlgili fetvanın hukuka dönüşmesi için devletin onu uygulaması gerekmektedir. Burada bu şahsın fetvası aslında bir ahlaki kanaat olmanın ötesinde pek de bir anlam taşımayacaktır. Ya da bir fıkıh kitabında uluslararası hukukla ilgili bir fetva bulunsa bu çoğu zaman dönemin hukuk algısını vermekten uzak olacaktır.

Bu bizi maalesef fıkıh okuyanların sık olarak yapmaktan kaçındıkları bir başka ayrıma götürecektir.

a. Uygulanan fıkıh

b. Kâğıt üzerindeki fıkıh

Bugün geçmişe doğru yapılan fıkıh incelemeleri genellikle kâğıdın üzerindeki fıkıh üzerinde kalmaktadır. Hanefiler, Şafiiler, Malikiler, Hanbeliler tasnifiyle yapılan anlatımlar genellikle bu mezhebi temsil ettiği düşünülen bazı âlimlerin fıkhi mülahazaları üzerine kuruludur. Kâğıdın üzerindeki fıkıh üzerindeki ihtilafların çokluğu malumdur. Bu eserlerin uygulanması ise apayrı bir konudur. Nihayetinde kâğıdın üzerindeki fıkıh bir âlimin (bu biraz anakronik olması pahasına dönemin entelektüeli gibi algılanabilir) ahlak ve hukuk algısını gösterecektir.

O hâlde bir meselenin Müslümanların geneli tarafından nasıl anlaşıldığını temsil eden hangisidir? Bu oldukça önemli bir sorudur. Örneğin kâğıdın üzerindeki fıkıhta âlimlerin birbirinden alıntılayarak tekrar ettikleri sözler İslam dünyasının ahlak ve hukuku nasıl anladığını tam olarak gösterecek midir? Benim bunun doğruluğuna dair güçlü şüphelerim var.

Bugün evinde oturan bir hukukçu medeni hukukla ilgili kitap yazsa ve "hukuk bu olmalı" dese, bizim içinde yaşadığımız toplumu temsil eden o kitap mı olacaktır yoksa uygulanan hukuk mu? Ben bu açıdan uygulanan hukuku çağın dünyası ile bağlantısının güçlü olması, iş yapma sorumluluğunu üstlenmiş kişiler tarafından icra edilmesi açısından İslam'ı Müslümanların nasıl anladığı ve yaşadığı konusunu açıklama açısından daha önemli görmekteyim.

Burada elbette şunu da söylemek yerinde olacaktır: Hem uygulanan fıkıh hem de bireysel alimin fetvası yanlış olmak ihtimalinden azade değildir. Zira ne uygulanan hukukta ne de bir şahsın İslam algısında yanılmaması gibi bir garanti söz konusu değildir.

Naçizane kanaatim bir dönemi anlamak istiyorsak bu ikisi birlikte incelenmelidir. Zira uygulanan hukuk imkân yönünden kısıtlılıklar barındırır. Zira siyasi konjonktürden doğal olarak etkilenmektedir. Bu dönemin siyasi iklimini de incelemeyi gerektirecektir. Ancak her hâlükârda İslam toplumları 1800'lü yıllara kadar genellikle güçlü ve galip devletler konumunda olduğu için bu sakıncanın çok güçlü olmadığı iddia edilebilir. Uygulanan fıkhın dezavantajlı yönü bu olmakla beraber inceleme açısından avantajlı yönü bireysel fetvaya göre sağduyudan uzaklaşma riskinin daha düşük olması, dünya ile sıkı temasının zorunlu olmasıdır. Zira uzlete çekilmiş bir âlim "ticaret şöyle yapılmalı" derken dünyayı tamamen göz ardı edebilir. Ancak uygulanan fıkıh yaşanan çağın gereklerini göz önünde bulundurmak zorundadır.

Yapılacak iş, tarihî incelemeye dönüştüğünde ve "Müslümanlar hangi şartlar altında yaşadılar?" konusu gündeme geldiğinde bireysel fetvanın uygulanan fıkıh karşısında neredeyse söyleyecek hiçbir sözü yoktur.

Bu konular konuşulurken yapılan en sık hata bireysel bir alimin kanaatinin toplumsal açıdan mutlak olarak uygulanmış bir vakıa zannedilmesidir.

TASNİFİN SONUÇLARI

İki sınıflama yaptık ve bu bizi dört kombinasyona ulaştırır. Tasnifleri hatırlatacak olursak ilk tasnifimiz:

1. O dönem toplumlarının hukuk metinleridir.
2. Şahısların bireysel inanç, ibadet, ahlakları ile ilgili olabilir.

İkinci tasnifimiz:

a. Uygulanan fıkıh

b. Kâğıt üzerindeki fıkıh

Soruyu soran muhatabımız bireysel inancıyla ilgili olarak kâğıt üzerindeki fıkıh üzerinden sonuca varmaktadır. Oysa konunun ele alınması gereken düzlem siyasi bir zeminde ve uygulanan fıkıh üzerinden olmalıdır.

Yani muhatabımız konuyu anlamak için b üzerinden 2'ye doğru sonuç çıkarmaya çalışmaktadır. Oysa konu 1'e dairdir ve daha doğru incelemesi a üzerinden yapılan incelemedir. Bu meselenin tamamen yanlış anlaşılması anlamına gelecektir.

Zira soru sahibi muhatabın düşündüğü şey, evinde kafasına sorular takılan sıradan bir insanın devlet eliyle öldürülmesi gibi bir durumdur. Yani "Evimde otururken dinden çıktım eskiden yaşasaydım beni öldürürlerdi." düşüncesidir. Oysa tarihte böyle bir durumun olmadığı söylenebilir. Uygulanan fıkıhta konu daha ziyade toplulukların isyan faaliyetleri açısından ele alınmıştır. İlerleyen sayfalarda bunu detaylandıracağız.

RİDDET (DİNDEN DÖNME) O GÜN NASIL ALGILANIYORDU?

Bernard Lewis, "Bu boyutuyla tek tek kişilere ait değil, topluluklara ait bir durum olarak mürtetler siyasal bir anlamlılık kazanmış olmaktadır."[52]

Burada dönem fetvalarında siyasi düzlemi anlamamız için devlet dediğimiz mefhumun anlam değişikliklerine dikkat etmemiz gerekmektedir. Devlet siyasi bir organizasyondur. Elbette tüzel bir kişilik ifade etmesi hasebıyla görece modern bir kavramdır. Eski çağlarda tüzel bir kişilikten ziyade genellikle bir hanedan ya da farklı sosyal tabakalar üzerinden ifadesini bulurdu.

Modern devletlerden farklı olarak Fransız İhtilali öncesi devletler dinî tasniflerin şekillendirdiği bir yapı arz ederdi. Yine bugünkü devletlerden farklı olarak toplumun çimentosu olan ana birleştirici unsur "vatan ya da milliyet" gibi mefhumlar değildi. Milliyetçilik ya da vatan gibi mefhumların Fransız İhtilali sonrası yaygınlaştığı hemen hemen herkes tarafından bilinen bir bilgidir. Bugün dünyadaki devletlerin büyük bir kısmı bu anlamıyla ulus devlet özellikleri taşır.

Devletler, tarihin başından beri toplumun çimentosu kıldıkları kurucu değerlerine saldırıyı kabul etmezler. Ulus devletlerde

---

52. Bernard Lewis, *İslam'da Siyasal Söylem*, s. 156.

bu saldırı "vatan" mefhumu üzerinden şekillenir. Ve tarihin her döneminde olduğu gibi devletler kurucu değerlerine saldırıyı bir terör faaliyeti olarak algılarlar. Bu faaliyetleri bireysel özgürlükler kapsamında ele almazlar. Dinden çıkmanın hukuk düzeni bakımından suç sayılması İslam'dan önce de yaygın bir anlayış olup Yunanlılar ve Romalılarda bu suça ölüm cezası verilmiş, Yahudilikte taşlanarak öldürülme cezası öngörülmüştür. Hristiyanlıkta dinden çıkanlar için çeşitli dönemlerde ölüm ve aforoz gibi cezalar uygulanmış ve engizisyon mahkemeleri kurulmuştur.

Bugün de toplumun kurucu ilkelerine saldırı anayasal düzeyde engellenir.

Anayasa Madde 14: Anayasada yer alan hak ve hürriyetlerden hiçbiri, Devletin ülkesi ve milletiyle bölünmez bütünlüğünü bozmayı ve insan haklarına dayanan demokratik ve laik Cumhuriyeti ortadan kaldırmayı amaçlayan faaliyetler biçiminde kullanılamaz. Anayasa hükümlerinden hiçbiri, Devlete veya kişilere, Anayasayla tanınan temel hak ve hürriyetlerin yok edilmesini veya Anayasada belirtilenden daha geniş şekilde sınırlandırılmasını amaçlayan bir faaliyette bulunmayı mümkün kılacak şekilde yorumlanamaz. Bu hükümlere aykırı faaliyette bulunanlar hakkında uygulanacak müeyyideler, kanunla düzenlenir.

Burada kültür tarihi açısından mürtetlerle ilgili fetvaları yorumlarken fark edeceğimiz özellik konunun aslında dinî olmaktan ziyade siyasi olduğudur. Konunun üzerine oturduğu zemin bireysel inanç değildir.

Şimdi bu çağda doğmuş büyümüş insanlar olarak bizim anlamakta zorlandığımız ve anakronizme düştüğümüz hususa dönecek olursak, bu fetvaların verildiği ve kitapların yazıldığı çağlarda devletler dinî mefhumları kurucu değer ve toplum çimentosu olarak kabul ederlerdi. Bu mefhumlara açık saldırılar devletlerin kurucu değerlerine saldırı anlamı taşırdı. Bunu kolayca mukayese edebilmek için bugün Türk bayrağını yakan birisinin davranışı "bir şeyleri yakma özgürlüğü" gibi değerlendirilemez. Zira bu, devletin kendisine temel değer olarak kabul ettiği bir mefhuma saldırı anlamı taşımaktadır. O gün irtidat konusu muhtemelen böyle anlaşılıyor olmalıdır. Bu durum, konunun az önce bahsettiğimiz gibi bireysel inançla ilintili olmaktan ziyade siyasi yapıyla ilgili olduğunu göstermesi açısından önemlidir. Bu açıdan riddet birazdan göstereceğimiz üzere sadece bir fikir değişikliği faaliyeti olarak anlaşılmamıştır. Silahlı isyan faaliyetleri olarak görülmüştür. Uygulanan fıkıhta siyasi bağlantılı silahlı terör faaliyetleri hakkında kullanılmıştır.

Giriş kısmında anakronizmden bahsediyor olmamızın anlamı da yaklaşık olarak bunu anlatabilmek içindi. Örneğin biz bugün İstiklal Marşı'na, toplumu birleştiren simgesel bir unsur olması sebebiyle saygı duymaktayız. Oysa 1200 yılındaki bir insana "Bir şiire müzikle beste yapacağız, buna saygısızlık yapanların devletle problemi olduğu düşünülecek." deseydik muhtemelen söylediğimizden pek bir şey anlamazdı. Onun bizim çağımızı değerlendirirken "Bir şarkıya saygısızlık edeni cezalandırıyorlarmış." biçiminde bakışı nasıl anakronik olacaksa bizim bu konuyu değerlendirme şeklimiz de bu biçimde anakronik olacaktır. Kültür tarihi açısından böylesi bir garabetle İslam tarihi yorumlanmaya çalışılmaktadır.

Montgomery Watt, "Ridde hareketlerinde de dinî ve siyasi faktörler birbirinden ayrılmayacak şekilde iç içe girmişlerdi. Dini Avrupai anlamda ele almakla hata edenler Avrupalı âlimlerdir. Ridde, İslam'ın dinî, siyasi, sosyal ve ekonomik sisteminden uzaklaşma hareketiydi ve bu yüzden de İslam karşıtı bir hareketti."[53]

---

53. Montgomery Watt, *Muhammed Medine'de*, s. 191.

UYGULANAN FIKIHTA VAZİYET

Burada tarihî bir inceleme yapılırken öncelikli olarak tespit etmemiz gereken şey konun bireysel mi yoksa toplumsal mı olduğunu ele almaktır. Eğer konu bireysel inanç özgürlüğü bağlamında değilse aslında muhatabımızın sorduğu soru cevaplanmış olacaktır. Muhtelif delilleri karşılıklı incelemek faydalı olacaktır.

Kişisel inanç özgürlüğü bağlamında olduğunu iddia eden bazı kişilerin getirdikleri örnekler:

-Buhari'de geçen Muaz b. Cebel'in Allah ve resulünün, dininden dönenin boynunu vurmayı emrettiğini ifade ederek bu cezayı uyguladığı rivayeti.

Burada Muaz b Cebel'in rivayetinin kendi içtihadı olması muhtemeldir. Ayrıca bu rivayette kendisinden söz edilen kişinin sadece bir inanç değiştirdiğine ve siyasi bir isyan hareketine dahil olmadığına dair bir bilgi yok. Bu kişinin daha önceki kısımlarda anlattığımız gibi bir terör faaliyeti içerisine girmiş olması muhtemeldir. Bu açıdan bu rivayetin "salt kişisel inanç değişikliği" kapsamında ele alınmasına yönelik bir delil yoktur. Tartışıyor olduğumuz konuya dair bir delaleti yoktur.

-Deve idrarı konusuyla gündeme gelen rivayetin[54] son kısmında konu edilen, Ureyne kabilesi ve onlar hakkında nazil olduğu söylenen ayetler (Maide 5/33-34).

Ureyne kabilesine yönelik bu cezanın kısasen olduğu ve onların çobanlara yaptıkları eziyetin aynıyla cezalandırıldıkları söylenmiştir. Burada da rivayette geçen kişilerin kişisel inanç değiştirmekten ziyade bir terör faaliyeti, eşkıyalık uygulamasında bulundukları açıktır. Daha önemli olan bir diğer nokta

54. Müslim, "Ḳaṣâme", 9

bu rivayetin mensuh[55] kabul edilmesi ve fetvaya elverişli olmaması sebebi ile bu cezanın uygulanabilir bulunmaması ile ilgili kanaatlerdir.

-Buhari'de geçen "Dinini değiştireni öldürün." Hadisi.

Bu rivayet işin aslı günümüzde tamamen bağlamsız kullanılmaktadır. Bu tarz sadece lafzi hadislerde bağlamı çözümlemek için yapılması gereken şey fiilî örneklere gitmektir. Muaz b Cebel rivayeti ve Ureyneliler rivayetlerinin kişisel inanç değişimine hitap eden fiilî bir örnek sayılamayacağından az önce bahsettik. O hâlde bu sözlü rivayetin neyi kastettiğini anlayacağımız başka açıklamalar ve fiilî örneklere muhtacız demektir.

Allahualem bu rivayet az önce anlattığımız türden devletin temel düzenini yıkmaya yönelik terör faaliyetleri kapsamında ele alınmış olmalıdır. Bu söylediğimizin delilleri şunlardır:

1. Burada en güçlü delil Kur'an ayetlerinin zahiridir. Bunların sayısı oldukça fazla olduğu için bir sonraki alt başlıkta müstakil olarak ele alacağım.
2. Hz. Muhammed'in (a.s.) siyasi terör faaliyetine bulaşmamış bir mürtedi öldürdüğüne dair örnek yoktur.[56]
3. Bu rivayetin en çok gündeme geldiği konu Hz. Ebubekir döneminde yaşanan kitlesel irtidat savaşları dönemidir. Burada durumun silahlı bir isyan olduğu gayet açıktır. Konunun yorumlanması konusundaki en açık örnek budur. Burada konunun siyasi başkaldırı oldu-

55. Mensuh; hükmü kaldırılmış.

56. Bedreddin el-Aynî, XIX, 364; "Din âlimlerinden kâfirlik suçlamalası yüzünden yargılanıp suçlanan ve hüküm giymiş yok gibi görünmektedir, çünkü böyle bir olayın kaydına bugüne kadar rastlanmış değil. Asıl önemli olan suçlamalar yönetimlere ve devletlere karşı yapılan mürtetlik suçlamaları olmuştur." Bernard Lewis, *İslam'da Siyasal Söylem*, s. 157.

ğu ortada olduğu gibi ilk silah kullanan da Hz. Ebubekir değildir. O ortaya çıkan isyanı bastırma çabasıyla kılıç çekmiştir.

Hem ikinci hem de üçüncü madde riddet kelimesinin sadece din değiştirmek olarak anlaşılmasının hatalı olduğunu da gösterecektir. Riddet kavramı ilgili fetvaların verildiği dönemde aslında "Ben sizin devletinizi tanımıyorum." demekti. Ayrıca 8. maddede anlatacağımız üzere bunu herkesin duyacağı bir güçte söylemek, propagandasını yapmak ya da silahlı faaliyete geçmekti. Dinini değiştirip bu anlama gelecek siyasi faaliyetlere dahil olmayanların mürtet hükmüne dahil edilmediğini hem bu iki örnekten hem de bundan sonra vereceğimiz örneklerden anlamaktayız.

4. İlgili rivayet aklen takyit[57] edilmiştir. Zira '"Dinini değiştireni öldürün." lafzı mutlak olarak zahiri[58] ile yorumlanacak olursa bir Hristiyanın Müslüman olması durumunu da kuşatacak bir anlamdadır. Oysa böyle bir şeyde cezalandırma olmayacağında icma[59] vardır. O hâlde bu lafız zaten aklen takyit görmüştür. Takyit gören bir umum lafzın delaleti artık kat'i değil zannidir.[60] Tekrar takyit görmesi gayet kolaydır[61]. Bir sonraki maddede aktaracağımız rivayete bu açıdan bakılabilir.

Rivayetin takyit edildiğini gösteren bir diğer olgu da terör faaliyetini bırakıp tekrar eski hâline dönenlerin affedilmiş

57. Yani kayıt altına alınmıştır. Mutlak anlamıyla anlaşılmaya müsait değildir.
58. Çok kabaca bir ifadeyle "dışardan bakan birinin ilk anladığı anlamı ile yorumlamak".
59. Kabaca, tüm Müslümanların hemfikir olması.
60. Yani burada ilk anlam kati bir delil olma özelliği taşımayacaktır. Zan içermektedir.
61. Zanni olması sebebiyle.

olmasıdır. Eğer lafız mutlak bir şekilde kabul edilseydi "dinini değiştireni öldürün" lafzı onların affedilmemesini gerektirirdi. Zira bir kere dinini değiştirdiğinde bu lafzın kapsamı içerisine girmişlerdir. Rivayetin lafzında bu durumdan tekrar İslam'a girmeye dair başka bir şey yoktur. O hâlde bu rivayet bu uygulama ile de takyit edilmiştir.

5. Kavli olarak bu hadisin mutlak lafzını takyit eden rivayetler vardır. Örneğin, "Müslüman'ı öldürmek, şu üç sebep hariç helal değildir... İslam'dan çıkarak Allah ve resulü ile harbe tutuşan kişi ya öldürülür ya asılır ya da sürgün edilir."[62]

İncelediğimiz rivayette sadece "din değiştirmek" olarak gelen lafız burada "dinden çıkarak harbe tutuşan kişi" ifadesi ile açıklanmış olarak kabul edilebilir.

6. İslam tarihinde de siyasi başkaldırı anlamı içermeyen bireysel konularda uygulanmamıştır. Bilinen meşhur örneklerin neredeyse tamamı (örneğin Batıniler vb.) siyasi bir zemindedir. Örneğin Batinilerle ilgili uygulamalar sıradan kişilerden ziyade silahlı terör faaliyeti ortaya koyanları işaretlemekte. Batınilerin isyan, terör ve suikast faaliyetleri malumdur. Siyasi başkaldırı anlamı taşımayan bazı dinden dönme örneklerine aşağıda linkini vereceğimiz makalede bazı örnekler verilmiştir. Örneğin:

"Sıradan bir mürtet olayından bahseden 15 Şaban 973 (7 Mart 1566) tarihli Tekfurdağ kadısına yazılan bir hükümde; Tekfurdağ'a bağlı ışıklı köyünden Todor adlı zimminin Müslüman olup sonra tekrar kendi dinine döndüğü bildirildiğinden, durumun iyice araştırılarak Müslüman olduktan sonra dinden çıktığı doğrulanırsa adı geçen zimminin hapsedilmesi ve vazi-

62. Ebû Dâvûd, "Hudûd", 1; Nesâî, "Kasame", 14.

yetin arz edilmesi istenmektedir. Dikkati çeken husus burada da ölüm cezasından bahsedilmemesidir."

Bu tarz birçok örneği saydıktan sonra makale sahibi şöyle demektedir:

"Bütün bu misaller bize, Osmanlı Devleti sınırları içinde mürtet vakasının zaman zaman meydana geldiğini ve bu suçu işleyen şahıslar için en azından bizim görebildiğimiz kadarıyla klasik dönemde 'katl' cezasının tatbik edildiğine dair kesin bir delilin olmadığını göstermektedir."[63]

7. Aslında konu hakkında basitçe düşünüldüğünde dahi, bir kişinin kendi hâlinde yaşadığı inanç buhranları kimsenin bilemeyeceği açıktır. İslam'da böyle bir inanç sorgulaması yapmanın caiz olmadığı ve bunu yapabilecek yetkili bir mercinin olmadığı da malumdur. Birisinin devletin kurucu esaslarından birine saldırısı bugünle kıyas edildiğinde şuna benzeyebilir:

Örneğin birisinin bugün Türkiye'nin sınır bütünlüğü ile ilgili içinde nefret taşıdığını düşünün. O kendisine Türkiye haritası içerisinde bir toprak parçasını farklı bir devlet olarak istiyor olsun. Bunu kolay kolay her ortamda ifade etmez. İfade etmediği sürece devlet gücü onun zihninden haberdar olup ona tasallut etmez. Ancak o bunu propaganda yapmaya başladığında artık devlete karşı fiilen harekete geçmiş sayılır. Çok sıradan birisi köy kahvesinde ifade etse belki pek dikkat çekmeyecektir. Ancak tanınan birisi olduğunda ve ifade ettiğinde devletin ona müdahalesi ile karşılaşır. Genellikle tarihte bilinen meşhur örnekler de buna benzemektedir. Muhtemelen bu konu eski çağlarda da bu şekilde oluyordur.

---

63. https://dspace.ankara.edu.tr/xmlui/bitstream/handle/20.500.12575-/64231/14578.pdf?sequence=1

8. Rivayet haberi vahiddir. Haber-i vahidin had cezasını sabit kılacak güçte olup olmadığı tartışmalı bir konudur. Ayrıca bu rivayet İkrime'nin İbn Abbas'tan yaptığı rivayetlerdendir. İkrime bu rivayetlerinde bazılarınca cerh edilmiştir. Bu hâliyle bu rivayetin Kur'an'ın zahiri ve burada bahsettiğimiz açıklamaların üzerinde bir delil taşıma niteliğinin olmadığı iddia edilebilir. Daha doğru olan ise incelediğimiz bu rivayetin Kur'an'ın zahiri ve burada yaptığımız açıklamalara göre tevil edilmesidir.
9. Tüm bu saydığımız delillerden yola çıkan Hanefi mezhebi fakihlerinin düştükleri kayıtlar bahsedilen cezanın siyasi terör faaliyeti için öngörüldüğünü ortaya koymaktadır.

a. Kadınlara mürtet cezasının uygulanmaması. Kadınlar savaş gücü oluşturmadıkları için onların dinden dönmesinde ceza uygulanmayacağı söylenmiştir. Bu durum açıkça konunun bireysel bir din değiştirme olgusu düzleminde ele alınmadığını silahlı terörize faaliyetler hakkında öngörülen bir ceza olarak algılandığını göstermektedir.

b. Hanefiler bu görüşlerini, İbn Abbas'ın irtidat eden kadının öldürülmeyeceği yönündeki ifadesi[64] ve Ömer b. Abdülaziz'in irtidat eden bir kadına ölüm cezası vermediği rivayetiyle[65] destekler.

c. Merğinani (593/1197) şöyle der: "Asıl olan tüm cezaların ahirete ertelenmesidir. Zira cezaların öne alınıp dünyada tatbik edilmesi prensip olarak imtihanın mahiyetiyle bağdaşmaz. Ancak kamu düzenini bozucu,

---

64. İbn Ebû Şeybe, VI, 585.
65. Abdürrezzâk es-San'ânî, X, 176.

mevcut olumsuz durumların giderilmesi için bu kuraldan uzaklaşılmış, cezaların bir kısmı öne alınarak dünyada tatbik edilmiştir. İrtidatta önlenmek istenen olumsuzluk, Müslümanlara karşı düşmanca tavır almaktır. Böyle bir düşmanca tavır da bünyeleri fiziki mücadeleye uygun olmadığı için kadınlarca gerçekleştirilemez."[66]

d. İbnü'l-Hümam (861/1457): "Öldürme, mürtedin inkârının cezası değildir. Çünkü Allah katında inkârın cezası dünyevi cezadan daha fazladır. İdam onun düşmanca tavrını engellemeyi hedeflemektedir. Düşmanca tavır almak erkeklere has bir özelliktir. Bundan dolayı Resulullah kadınların öldürülmesini yasaklamış, yasağın gerekçesini de kadınların bilfiil savaşa iştirak etmemelerine bağlamıştır."[67]

e. Haskefi'ye (1088/1677) göre iyice yaşlanmış, bizzat savaşamayan, muhakeme gücünü yitirdiği için düşmana teorik destek veremeyen, cesaret verici ifadeleri söylemek için bağıracak gücü olmayan, çocuk yapma yeteneğini yitirdiği için düşmanın sayısını artırma imkânına sahip bulunmayan bir "pir-i fani" (hayli yaşlı) irtidat etse de öldürülmez. [68]

f. Serahsi (483/1090), mürtede ölüm cezasının takdir edilme gerekçesini şöyle açıklar: "İnkâr, suçların en büyüğüdür. Ancak bu kul ile Rabbi arasındadır. Bunun karşılığı da ahirete ertelenmiştir. Dünyada uygulanan yaptırımlar ise insanların yararı için meşru kılınmış toplumsal maksatlı müeyyidelerdir. Kısas yaşa-

---

66. Merğinanî, *el-Hidaye V*, 310 vd.
67. İbn Hümam, *Fethu'l-kadir V*, 310.
68. Haskefi, *ed-Dürrü'l-muhtar III*, 224.

> ma hakkını korumayı, zina cezası neslin saygınlığını ve aile şerefini korumayı, hırsızlık cezası mal emniyetini sağlamayı, iftira cezası şeref ve onurun korunmasını, sarhoşluk cezası ise aklı korumayı amaçlamaktadır. Mürtet ise inkârda ısrarıyla Müslümanlara karşı düşmanca tavır almıştır. Bu düşmanlığının izalesi için öldürülür. Öldürmenin illeti düşmanlık olduğuna göre kadının bünyesi çarpışmaya uygun olmadığı için ne asli küfürde ne de arızi küfürde öldürülmeyeceği açıklık kazanır." Serahsi, irtidat ettiği hâlde Müslümanlara karşı savaşma potansiyelini kaybeden erkeğin de öldürme cezasından muaf tutulabileceği kanaatini serdeder.[69]

Tüm bu alıntılardan anlaşılacağı üzere Hanefiler nezdinde mürtetle ilgili ceza bireysel bir inanç değişikliğinden ziyade kılıçla bir başkaldırı anlamı taşıyan modern hukukta terör suçlarına denk gelen suçlar için öngörülmüş bir cezadır. Bu yüzden ilgili konu Serahsi'nin *Mebsut*'u gibi eserlerde müşahede edilebileceği gibi "kitâbü'l-hudûd" (had cezaları kitabı) başlığı altında incelenmeyip devletler hukukuna dair "kitâbü's-siyer" içerisinde ele alınmıştır.

Zaten İslam tarihinde uygulanan fıkhın büyük bir kısmı Hanefi mezhebinden köken almıştır. Bu açıdan Hanefi mezhebinin fıkıh kitaplarındaki yorumlarla uygulama arasında diğer mezheplere göre daha fazla paralellikler görmek de mümkündür. Ancak Hanefi fıkıh kitaplarındaki her yorumun da uygulamaya dökülmediğini bilmek gerekir.

Tüm bu anlattığımız deliller ilgili konuyla ilgili sözel rivayetin anlamını tefsir eden fiillerdir. Bizce konunun kişilerin

---

69. Serahsi, *el-Mebsut X*, 110-111.

bireysel duygularıyla alakalı olmadığı, riddet kelimesinin siyasi içerikli silahlı bir terör faaliyetini kastettiği açıktır.

KUR'AN'DA BİREYSEL İNANÇ ÖZGÜRLÜĞÜ

Bir önceki alt başlığın birinci maddesinde Kur'an'daki inanç özgürlüğü yapısını ayrı bir başlık hâlinde ele alacağımızı söylemiştik. Zira burada refere edilebilecek ayet sayısı oldukça fazladır ve müstakil bir başlık altında ele almak daha uygun olur.

لَٓا اِكْرَاهَ فِي الدّ۪ينِ قَدْ تَبَيَّنَ الرُّشْدُ مِنَ الْغَيِّۚ

"Dinde zorlama yoktur. Doğru eğriden açıkça ayrılmıştır."[70]

Ayetteki "dinde zorlama yoktur" ifadesi eskiden beri "dine girmeye kimse zorlanamaz" anlamında yorumlanmıştır. Mürtet cezası sadece inanç değiştirmekle ilgili yorumlanırsa bu ayetin zahiriyle çatışacaktır. Zira dinini değiştireni iman etmezse öldürmek dinde zorlama olurdu.

وَقَالَتْ طَٓائِفَةٌ مِنْ اَهْلِ الْكِتَابِ اٰمِنُوا بِالَّـذ۪ٓي اُنْزِلَ عَلَى الَّذ۪ينَ اٰمَنُوا وَجْهَ النَّهَارِ وَاكْفُرُوٓا اٰخِرَهُ لَعَلَّهُمْ يَرْجِعُونَۚ

"Ehl-i Kitap'tan bir grup şöyle dedi: 'Gün başlarken müminlere indirilmiş olana iman edip günün sonunda inkâr edin. Belki onlar da dinlerinden dönerler.'"[71]

Burada açıkça bir olay aktarılmış ve dinden dönen bir gruptan bahsedilmiştir. Ayet Medeni olduğu için ortada bir

70. Bakara, 2:256.
71. Ali İmran, 3:72.

devlet yapısı da vardır. Bu kişiler öldürülmediğine göre terör faaliyete girişmeyen din değiştirmelerin ister bireyler ister gruplar hâlinde olsun bir yaptırıma maruz kalmadığı anlaşılmaktadır.

إِنَّ الَّذِينَ اٰمَنُوا ثُمَّ كَفَرُوا ثُمَّ اٰمَنُوا ثُمَّ كَفَرُوا ثُمَّ ازْدَادُوا كُفْراً لَمْ يَكُنِ اللّٰهُ لِيَغْفِرَ لَهُمْ وَلَا لِيَهْدِيَهُمْ سَبِيلاًۜ

"İman edip sonra inkâr edenleri, sonra yine iman edip tekrar inkâr edenleri, sonra da inkârlarını arttıranları Allah ne bağışlayacak ne de onları doğru yola iletecektir."[72]

Burada ayetten açıkça anlaşılan odur ki bir grup insan Hz. Muhammed (a.s.) döneminde imandan sonra iki defa inkâr etmişler. Bu kişilerin mürtet sayıldığına dair bir rivayet bilinmemektedir. Bunların siyasi isyancılar olduğunu da düşünmek zordur zira onlar hakkında dünyevi bir yaptırımdan bahsedilmeden sadece uhrevi cezadan bahsedilmiş olması bu ihtimali düşürmektedir. Bu kişilerin ya da grupların siyasi faaliyete girişmeyen din değiştiren kişiler olduğu düşünülebilir.

وَمَنْ يَرْتَدِدْ مِنْكُمْ عَنْ دِينِه۪ فَيَمُتْ وَهُوَ كَافِرٌ فَاُو۬لٰٓئِكَ حَبِطَتْ اَعْمَالُهُمْ فِي الدُّنْيَا وَالْاٰخِرَةِۚ وَاُو۬لٰٓئِكَ اَصْحَابُ النَّارِۚ هُمْ فِيهَا خَالِدُونَۜ

"İçinizden kim dininden döner de kâfir olarak ölürse, dünyada ve ahirette amelleri boşa gidenler işte bunlardır. Cehennemin dostları da bunlardır ve orada onlar devamlı kalıcıdırlar."[73]

---

72. Nisa, 4:137.
73. Bakara, 2:217.

Bu ayette "ölürse" anlamına gelen fiil tercih edilmiştir. Eğer onlar devlet eliyle öldürülüyor olsalardı "öldürülürse" şeklinde kullanılması beklenirdi.

Bu ayetler dışında pek çok ayette bireysel din değiştirme olgusundan bahsedilmiştir. Ancak dünyevi bir cezadan bahsedilmeksizin uhrevi cezadan bahsedilmiştir. Buraya aldığımız ayetlerden Nahl suresinde geçen ayet hariç tamamı Medeni surelerde geçmektedir. Yani dünyevi ceza öngörülseydi bunun uygulanabileceği bir güç mevcutken nazil olmalarına rağmen dünyevi cezadan bahsedilmemektedir.

كَيْفَ يَهْدِي اللّٰهُ قَوْمًا كَفَرُوا بَعْدَ اِيمَانِهِمْ وَشَهِدُوا اَنَّ الرَّسُولَ حَقٌّ
وَجَاءَهُمُ الْبَيِّنَاتُ وَاللّٰهُ لَا يَهْدِي الْقَوْمَ الظَّالِمِينَ۝

"İman edip resulün hak olduğuna şahit olduktan ve kendilerine apaçık kanıtlar geldikten sonra inkârcılığa sapan bir kavme Allah nasıl hidayet nasip eder? Allah zalimler topluluğunu doğru yola iletmez."[74]

يَوْمَ تَبْيَضُّ وُجُوهٌ وَتَسْوَدُّ وُجُوهٌ فَاَمَّا الَّذِينَ اسْوَدَّتْ وُجُوهُهُمْ اَكَفَرْتُمْ
بَعْدَ اِيمَانِكُمْ فَذُوقُوا الْعَذَابَ بِمَا كُنْتُمْ تَكْفُرُونَ۝

"Bir gün ki nice yüzler ağaracak, nice yüzler de kararacaktır; yüzleri kararanlara, 'İman ettikten sonra kâfir mi oldunuz? Öyle ise inkâr etmiş olmanız yüzünden tadın azabı!' (denir)."[75]

74. Ali İmran, 3:86.
75. Ali İmran, 3:106.

إِنَّ الَّذِينَ اشْتَرَوُا الْكُفْرَ بِالْاِيمَانِ لَنْ يَضُرُّوا اللّٰهَ شَيْـٔاًۚ وَلَهُمْ عَذَابٌ اَلِيمٌ

"İmanı küfürle değiştirenler, şüphesiz Allah'a bir zarar veremeyeceklerdir. Onlar için elem verici bir azap vardır."[76]

وَمَنْ يُشَاقِقِ الرَّسُولَ مِنْ بَعْدِ مَا تَبَيَّنَ لَهُ الْهُدٰى وَيَتَّبِـعْ غَيْرَ سَبِيلِ الْمُؤْمِنِينَ نُوَلِّه۪ مَا تَوَلّٰى وَنُصْلِه۪ جَهَنَّمَۜ وَسَٓاءَتْ مَص۪يراً

"Yolun doğrusu kendine apaçık belli olduktan sonra Resulullah'a karşı çıkan ve müminlerin yolundan başkasını izleyen kimseyi saptığı yönde bırakırız ve onu cehenneme atarız. Orası varılacak ne kötü bir yerdir."[77]

مَنْ كَفَرَ بِاللّٰهِ مِنْ بَعْدِ ا۪يمَانِه۪ٓ اِلَّا مَنْ اُكْرِهَ وَقَلْبُهُ مُطْمَئِنٌّ بِالْا۪يمَانِ وَلٰكِنْ مَنْ شَرَحَ بِالْكُفْرِ صَدْراً فَعَلَيْهِمْ غَضَبٌ مِنَ اللّٰهِۚ وَلَهُمْ عَذَابٌ عَظ۪يمٌ

"Kim iman ettikten sonra Allah'ı inkâra saparsa -kalbi imanla dolu olduğu hâlde baskı altında kalanın durumu müstesna olmak üzere- kim kalbini inkâra açarsa işte Allah'ın gazabı bunlaradır; bunlar için çok büyük bir azap vardır."[78]

إِنَّ الَّذ۪ينَ ارْتَدُّوا عَلٰٓى اَدْبَارِهِمْ مِنْ بَعْدِ مَا تَبَيَّنَ لَهُمُ الْهُدٰىۙ الشَّيْطَانُ سَوَّلَ لَهُمْۜ وَاَمْلٰى لَهُمْ

"Hidayet kendilerine apaçık belli olduktan sonra, gerisin geriye dönenler/mürtetleşenler, şeytan (bu durumu) onlara süslü göstermiş ve uzun emellerle onları kandırmıştır."[79]

---

76. Ali İmran, 3:177.
77. Nisa, 4:115.
78. Nahl, 16:106.
79. Muhammed, 47:25.

يَٓا اَيُّهَا الَّذ۪ينَ اٰمَنُوا مَنْ يَرْتَدَّ مِنْكُمْ عَنْ د۪ينِه۪ فَسَوْفَ يَأْتِي اللّٰهُ بِقَوْمٍ يُحِبُّهُمْ وَيُحِبُّونَهُٓ

"Ey iman edenler! Sizden kim dininden dönerse bilsin ki Allah öyle bir kavim getirecektir ki Allah onları sever, onlar da Allah'ı severler."[80]

Özetle

1. Kur'anda bireysel inanç özgürlüğü oldukça berrak bir durumdadır.
2. Muhatabımızın zihnindeki mürtet algısı doğru değildir.
3. İslam kültür tarihi açısından yorumlanacak olursa uygulanan fıkıhta toplumsal isyan hareketleri/terör faaliyetleri anlamında yorumlandığı söylenilebilir. Bu yazıda geçmiş dönemde yapılan bu yorum fıkhi bir bakışla incelenmedi. Bununla ilgili problemlerden yazının girişinde bahsedildi.
4. Gerek Hz. Muhammed (a.s.), gerek raşit halifeler, gerekse bunun dışındaki İslam tarihinde irtidat konusunun bireysel inanç değişikliği bağlamında algılanmadığına dair örnekler verildi.
5. Konuyla ilgili gündeme getirilen lafzi rivayetin incelemesi yapıldı ve yorumunun önceki maddelerde bahsettiğimiz parametreler açısından yapılmasının daha uygun olacağından bahsedildi.

80. Maide, 5:54.

6. Hanefi fakihlerin beşinci maddede bahsettiğimiz mülahazaya uygun olan kanaatleri zikredildi.

وَآخِرُ دَعْوَانَا أَنِ الْحَمْدُ لِلّٰهِ رَبِّ الْعَالَمِينَ۞

ALTAY CEM MERİÇ

Peygamberliğin İspatı

Haber Delili

insan